Stephan Holthaus / Timo Jahnke

AKTIVE STERBEHILFE

Ausweg oder Irrweg?

BRUNNEN

VERLAG GIESSEN · BASEL

Band 3 der Edition Ethik & Werte
Die Edition Ethik & Werte wird herausgegeben vom
Institut für Ethik & Werte
www.ethikinstitut.de

FSC
Mix
Produktgruppe aus vorbildlich
bewirtschafteten Wäldern und
anderen kontrollierten Herkünften

Zert.-Nr. SGS-COC-1940
www.fsc.org
© 1996 Forest Stewardship Council

© 2008 Brunnen Verlag Gießen
www.brunnen-verlag.de
Redaktion: Ralf Tibusek
Umschlaggestaltung: Ralf Simon
Umschlagfoto: Health Head Images, Fotosearch
Satz: Die Feder GmbH, Wetzlar
Herstellung: GGP Media GmbH, Pößneck
ISBN 978-3-7655-1908-6

INHALT

VORWORT

Das Thema „Sterbehilfe" wird derzeit überall diskutiert. Ob in medizinischen Expertenrunden, in populären Fernsehtalkshows oder im engen Freundes- und Familienkreis: die Frage nach einem „Sterben in Würde" bewegt die Gemüter. Befürworter und Gegner der „Tötung auf Verlangen" stehen sich kontrovers gegenüber. Während die einen noch diskutieren, haben ausländische Sterbehilfeorganisationen längst auch in Deutschland Fuß gefasst. Das Thema ist aktuell, nicht zuletzt auch angesichts der steigenden Lebenserwartung des Menschen. Die aufgeworfenen Fragen gehen dabei an die Substanz. Befürworter der aktiven Sterbehilfe fragen: Kann man es verantworten, dass Menschen nur noch durch technische Geräte am Leben erhalten werden? Warum muss das Leiden von Menschen künstlich verlängert werden? Hat nicht jeder Mensch die Freiheit, über seinen Todeszeitpunkt selbst zu entscheiden? Gibt es nicht auch ein Recht auf ein „Sterben in Würde"?

Gegner der aktiven Sterbehilfe warnen vor der Gefahr des Missbrauchs und vor einem unterschwelligen Druck auf Alte und Kranke, endlich ihr Leben zu beenden. Sie lehnen eine Unterscheidung zwischen „würdigem" und „unwürdigem" Leben ab und bestreiten, dass Betroffene völlig „autonom" entscheiden können.

Dieses Buch plädiert für einen konsequenten Lebensschutz, sowohl für alte Menschen als auch für Kranke. Nach unserer Ansicht geht die derzeitige Diskussion in eine problematische Richtung, weil der Wert menschlichen Lebens zunehmend nach seiner Nützlichkeit bestimmt wird. Mehr und mehr entscheidet die „Lebensqualität" darüber, ob das Leben überhaupt noch lebenswert ist oder nicht. An der Frage nach der aktiven Sterbehilfe entscheidet sich mehr als ein Einzelschicksal. Es geht dabei um Grundsätzliches. Es geht um den Wert und die Würde des (kranken und des alten) Menschen, um den Stellenwert von Gesundheit, um den richtigen Umgang mit Sterbenden, um die Aufgabe des Mediziners der Zukunft und – leider – auch um viel Geld. Unsere Alternative heißt nicht: „Leben um jeden Preis", sondern: „Respekt vor dem Leben und dem Sterben". Wer alte und wer kranke Menschen in den letzten Tagen ihres Lebens noch sinnlosen Behandlungen und Operationen aussetzt, handelt unverantwortlich. Wer meint, er könne sein Gewissen beruhigen durch krampfhaftes Festhalten am Leben bei Sterbenden, tut niemandem einen Gefallen. Das ist „Terror der Humanität", wie Helmut Thielicke es nannte, gnadenlose Medizin oder Technologie-Besessenheit. Aber viel gefährlicher ist das aktive Beenden des Lebens, erst recht die juristische Freigabe der „Tötung auf Verlangen" oder des „ärztlich assistierten Suizids".

Was wir heute brauchen ist „aktive *Sterbebegleitung*", nicht „aktive *Sterbehilfe*". Wir sind überzeugt: Wer im Sterben gut begleitet wird, fragt nicht nach aktiver Sterbehilfe. Unsere Zeit braucht eine Professionalisierung der Sterbebegleitung. Politiker, Mediziner, Seelsorger und Juristen sind hier gefordert. Aber nicht nur die Experten: Jeder Mensch muss sich möglichst frühzeitig mit dem Thema Sterben auseinandersetzen und lernen, Sterbende ganzheitlich zu begleiten.

Die grundlegenden Fakten zur Auseinandersetzung mit aktiver Sterbehilfe will dieses Buch liefern.

Stephan Holthaus
Timo Jahnke   *im April 2008*

1. AKTIVE STERBEHILFE: WORUM GEHT ES EIGENTLICH?

Es geht in diesem Buch um ein emotionales Thema, das Sterben. Wenige Menschen finden einen unbelasteten Zugang dazu. Häufig ist die Angelegenheit überlagert durch persönliche, notvolle Erlebnisse. Nicht selten wird das Thema auch verdrängt. Dabei ist Sterben eigentlich ein ganz normaler biologischer Vorgang, alltäglich und überall präsent. Jedes Jahr sterben in Deutschland über 800.000 Menschen. Umgerechnet auf einen Tag ergibt das 2.246 Todesfälle, weltweit sollen es 190.000 sein. Der Tod ist unausweichlich. Paradox formuliert könnte man sagen: „Sterben gehört zum Leben." „Wo Leben ist, da ist auch Sterben."

Aber so natürlich Tod und Sterben zur irdischen Existenz des Menschen gehören, so unnatürlich ist der Umgang mit ihnen. Das Ende des Lebens wird häufig tabuisiert. Die Beschäftigung mit Fragen des Sterbens ist unangenehm. Eine große Sprachlosigkeit macht sich breit. Kaum jemand wird heute noch direkt mit dem Sterben konfrontiert. Nur jeder 8. stirbt in Deutschland zu Hause, die meisten in Krankenhäusern, Alten- oder Pflegeheimen. Eine „Sterbekultur", noch bekannt aus früheren Generationen, gibt es nicht mehr. Kinder werden heute von sterbenden Angehörigen möglichst ferngehalten. Das Aufbahren der Toten und das damit verbundene Abschiednehmen der Familie sind nur noch die Ausnahme. So ist offensichtlich: Wir haben ein Problem mit dem Sterben und den Sterbenden.

Die Verunsicherung wird verstärkt durch die neuen Möglichkeiten der Medizin. Krankheiten, die noch vor Jahren als unheilbar galten, können heute – Gott sei Dank – therapiert werden. Die Kehrseite: Alte Menschen, die früher „friedlich einschliefen", werden heute in Krankenhäusern wochen-, wenn nicht monatelang mit allen erdenklichen Mitteln und Maßnahmen am Leben erhalten. Menschen mit schwersten Krankheiten haben dank neuer Therapien Hoffnung auf Heilung oder Linderung bekommen. Wieder andere liegen jedoch seit Jahren im Koma – mit wenig Aussicht auf Besserung. Die Intensivmedizin wird deshalb von vielen Menschen zunehmend kritisch beäugt. Ist das ein sinnvolles Leben, wenn man nur noch durch Maschinen am Leben erhalten wird? Solche Fragen stellen sich besonders drängend in Bezug auf die ältere Generation.

Eins ist klar: Die Zahl altersbedingter Krankheiten wird in den nächsten Jahren erheblich zunehmen. Der „demographische Faktor" hat zur Folge, dass die Lebenserwartung der Menschen ansteigt. Die medizinische Behandlung der älteren Generation ist jetzt schon komplex: Akute Krankheiten verbinden sich mit chronischen Leiden und natürlichen Rückbildungsprozessen des Körpers. Die stationäre geriatrische Versorgung wächst dabei nicht mit der Zahl alter Menschen. 675.000 Menschen werden derzeit in Pflegeheimen versorgt – mit wachsender Tendenz. Durchschnittlich bleiben sie dort zwei bis drei Jahre. Bundesweit gibt es jedoch etwa zwei Millionen Pflegebedürftige, d. h. zwei Drittel von ihnen werden zu Hause gepflegt. Bis zum Jahr 2020 soll die Gesamtzahl der Pflegebedürftigen sogar auf knapp drei Millionen steigen. Die Frage ist, ob die Zahl der Pflegebetten bei diesem Wachstum mithalten kann.

Aber es ist nicht nur der „demographische Faktor", der in den Diskussionen um Sterbehilfe eine unterschwellige Rolle spielt. Zu den gesellschaftlichen Trends und Begleiterscheinungen zählt auch der Wunsch nach Autonomie. Viele Menschen wollen heute ihr Leben eigenverantwortlich gestalten. Jede Form von Fremdbestimmung wird als Einengung empfunden. Der „Paternalismus" der Medizin vergangener Tage, wo sich Patienten einfach „in die Hände des Arztes" begaben, ist längst vorbei. Bei Entscheidungen über die eigene Gesundheit und Gestaltung des Lebens wollen wir heute mitreden. Dazu zählt auch die medizinische Behandlung am Lebensende. Das Sich-ausgeliefert-Fühlen, die Abhängigkeit von anderen, wird zum Problem.

Diese gesellschaftlichen Trends bilden den Hintergrund für vermehrte Forderungen, „Tötung auf Verlangen" oder zumindest „ärztlich assistierten Suizid" in Deutschland gesetzlich freizugeben. Vor allem in den letzten Monaten waren in vielen Talkshows, Zeitschriften und Magazinen Beiträge pro aktive Sterbehilfe zu hören und zu lesen. Die zunehmende Sympathie für aktive Sterbehilfe rührt vor allem von spektakulären Einzelschicksalen her, die viele Menschen emotional bewegt haben. Es ist offensichtlich, dass solche Berichte die Bereitschaft zur Freigabe aktiver Sterbehilfe erhöhen. Einige Schicksale aus den letzten Jahren seien hier genannt:

Hermy Eckert, 1984
Einzelberichte über Menschen, die aktive Sterbehilfe in Anspruch genommen haben, sind nicht neu. Schon in den 8oer-Jahren des vergangenen Jahrhunderts traten erste Fälle in das Licht der Öffentlichkeit. Ein Beispiel von vielen war der „Fall" Hermy Eckert, ein Fall von „ärztlich assistiertem Suizid".

Im April 1984 setzte sie in der „Eubios-Klinik" am Chiemsee ihrem Leben mittels Zyankali ein Ende, begleitet von Julius Hackethal, dem damals bekanntesten Befürworter aktiver Sterbehilfe in Deutschland. Eckert musste zuvor elf Tumoroperationen über sich ergehen lassen. Sie verlor durch die Erkrankung ein Auge und war im Gesicht völlig entstellt.

Hackethal, der Leiter der Klinik, besorgte ihr das Gift für den Suizid. In den letzten Minuten ihres Lebens verließ er den Raum, um sich als Arzt nicht wegen unterlassener Hilfeleistung strafbar zu machen. Der Tod trat innerhalb von Minuten durch Ersticken ein.

„Der Spiegel" und die „Bild-Zeitung" berichteten ausführlich. Hackethal war vorher schon mit Medien in Kontakt getreten, um eine gewisse Publizität zu erreichen. Der „Fall" Hermy Eckert bewegte die Öffentlichkeit sehr, auch durch die veröffentlichten Bilder der Todkranken. Nach Umfragen sollen sich kurz danach 75% aller Deutschen für die Möglichkeit einer „Selbsterlösung" durch ärztlich assistierten Suizid ausgesprochen haben.

Weitere Fälle von „ärztlich assistiertem Suizid" in Deutschland bewegten in den 8oer-Jahren die Gemüter („Fall Wittig", Ingrid Frank, Dinah Friedmann, Caecilia Koenen). Offensichtlich ist jedoch, dass erst nach der Jahrtausendwende das Thema zum Dauerereignis in den Medien wurde. Seither vergeht kein Jahr, in dem nicht von neuen spektakulären Fällen die Rede ist.

Diane Pretty, 2002
Es begann in England mit dem „Fall" Diane Pretty. Sie litt seit 1999 an einer unheilbaren fortschreitenden Lähmung der Muskulatur (ALS), so dass sie vom Hals ab gelähmt war. Im Juni 2000 bat sie um Erlaubnis, aus dem Leben scheiden zu dürfen, assistiert durch ihren Ehemann Brian. Ihr gesundheitlicher Zustand habe ihr die letzte Würde und Freiheit geraubt. Was geblieben sei wäre nur noch die Angst vor einem qualvollen Tod. Man möge ihr die Freiheit geben, so Pretty, in Würde und in vollem Bewusstsein aus dem Leben zu scheiden.

Nachdem mehrere juristische Anläufe („House of Lords")

keinen Erfolg brachten, wandten sich die Prettys in einer größeren Kampagne an die Öffentlichkeit („Justice for Diane"). Sie erhielten dabei Unterstützung durch die Organisation „Liberty and the Voluntary Euthanasia Society" (heute: „Dying with Dignity"). Nach mehreren Instanzen landete der Fall vor dem Europäischen Gerichtshof für Menschenrechte, der im April 2002 seine Entscheidung traf. Gerichtlich wurde ihr aktive Sterbehilfe mit der Begründung untersagt, es gäbe Grenzen der persönlichen Autonomie. Das Grundrecht auf Leben schließe nicht ein Recht auf Selbsttötung ein. Der Staat habe vielmehr die Pflicht, Leben zu schützen und dürfe nicht verpflichtet werden, Handlungen zu billigen, die der Lebensbeendigung dienten. Pretty berief sich bei ihrem Antrag auf mehrere Artikel der „Europäischen Menschenrechtskonvention". Das Gericht entschied jedoch, dass diese Artikel nicht im Sinne einer assistierten Selbsttötung interpretiert werden können.

Diane Pretty starb im Mai 2002. Ihr Schicksal bewegte viele Menschen, nicht nur in Großbritannien. Hier wurde wohl zum ersten Mal die ungeheure Spannung deutlich: einerseits Mitleid, Respekt und Verständnis für eine Person, deren Leben nur noch unter großen Einschränkungen geführt werden konnte. Andererseits Verständnis auch für die Richter, die größere Zusammenhänge bedenken müssen und einer völligen Freigabe der aktiven Sterbehilfe nicht zustimmen konnten.

Vincent Humbert, 2003
Ein weiterer spektakulärer Einzelfall bewegte lange Zeit Frankreich. Vincent Humbert war nach einem schweren Verkehrsunfall ins Koma gefallen und schwerstbehindert nach neun Monaten aufgewacht. Er war an allen vier Gliedmaßen gelähmt, musste künstlich ernährt werden, war praktisch

blind, konnte nicht sprechen und nur seinen Kopf und einen Finger leicht bewegen.

Die letzten drei Lebensjahre nutzte Humbert, um über das Diktieren einzelner Buchstaben die Erlaubnis zu erbitten, seinem Leben ein Ende setzen zu dürfen. Eine von der Mutter injizierte Dosis Barbiturate wirkte nicht tödlich, so dass die Ärzte ihn im Koma vorfanden. In dieser Situation entschieden die Ärzte, die künstliche Beatmung einzustellen. Humbert starb im September 2003.

Der „Fall" Humbert schlug in Frankreich hohe Wellen. Mehrere führende Mediziner und Politiker zeigten Verständnis für den Wunsch nach aktiver Sterbehilfe, wieder andere warnten vor einer Freigabe. In der Bevölkerung stieg nach dieser Tragödie die Bereitschaft, eine Legalisierung der aktiven Sterbehilfe zu fordern.

Terri Schiavo, 2005

Von den Medien weltweit beachtet wurde das tragische Schicksal von Terri Schiavo in den USA. Bei ihr war durch Sauerstoffmangel das Gehirn so stark geschädigt, dass sie 1990 ins Wachkoma fiel. Laut Auskunft einiger Ärzte war die Großhirnrinde fast vollständig verschwunden, wodurch die Hoffnung auf Wiedererlangung des Bewusstseins praktisch ausgeschlossen war. Andererseits reagierte sie – wie manche Wachkomapatienten – auf Reize, schluckte ihren eigenen Speichel und schien sogar auf Ansprache zu reagieren.

Ihr Ehemann, Michael Schiavo, stritt seit 1998 mit den Eltern von Terri, Mary und Bob Schindler, um die Fortsetzung bzw. Einschränkung der Behandlung. Der „Fall" war Gegenstand von über 50 Gerichtsverfahren. Michael Schiavo behauptete, seine Frau hätte sich in gesunden Zeiten mehrfach mündlich gegen eine künstliche Verlängerung des Lebens ausgesprochen, die Eltern bestritten dies. Außerdem ging es um die Übertragung des Sorgerechtes. Pikant war, dass der Mann mit einer anderen Frau zusammenlebte, mit der er auch schon zwei Kinder hatte. Während der ganzen Zeit der Verhandlungen gab es viele Ungereimtheiten, die bis heute nicht restlos aufgeklärt sind. Mehrfach votierten Gerichte für die Einstellung der künstlichen Ernährung, Entscheidungen, die aber nach wenigen Stunden von anderen Gerichten wieder aufgehoben wurden. Letztlich entschied erst im Februar 2005 das höchste Gericht Floridas, die Ernährung endgültig einzustellen. Das Urteil wurde am 18. März vollzogen. Schiavo starb daraufhin, 13(!) Tage später, am 31. März 2005.

Wohl kein anderes Einzelschicksal in Fragen der Sterbehilfe hat die Welt so bewegt wie Terri Schiavo. Viele Fernsehstationen berichteten täglich über den Kampf der Eltern auf Lebensverlängerung und des Ehemanns auf Therapiebegrenzung. Da auch führende amerikanische Politiker sich einschalteten, wurde der „Fall" zum Politikum. Bis heute gehen in den USA die Meinungen über die Entscheidung des Gerichts auseinander.

Diese Frage nach der Behandlung von Wachkomapatienten ist nicht gleichzusetzen mit der Frage nach der „Tötung auf Verlangen", hat aber die Diskussion um aktive Sterbehilfe weiter forciert. In Kapitel vier des Buches werden wir ausführlicher auf den Zusammenhang von Wachkomapatienten und Einstellung von lebenserhaltenden Maßnahmen eingehen.

Urban Grill, 2006

In den letzten Jahren hat sich insbesondere Deutschlands größte Illustrierte, der „Stern", als Forum für aktive Sterbehilfe einen Namen gemacht. Es begann Mitte 2006 mit einem Beitrag des Reporters Bartholomäus Grill über seinen Bruder, den er 2004 zum „Freitod" in die Schweiz begleitet hatte.

Grill bekam für den glänzend geschriebenen Beitrag den „Henri-Nannen-Preis".

Sein Bruder Urban, unheilbar an Zungenkrebs erkrankt, nahm dabei die Hilfe des Vereins „Dignitas" in Zürich in Anspruch. Operationen und intensive Chemotherapien waren erfolglos geblieben. Bei klarem Verstand äußerte er die Bitte um assistierten Suizid. Dem Todkranken zur Seite stand die ganze Familie. 15 Gramm Natrium-Pentobarbital setzten dem Leben Urban Grills am 26. November 2004 in Zürich ein Ende. Der Artikel stieß auf ein außergewöhnlich lebhaftes Echo. Die meisten Leserbriefschreiber begrüßten die Entscheidung des Todkranken. In Folge veröffentlichte der „Stern" ein ganzes Themenheft, in dem zwölf schwerkranke Deutsche ihre Lebensgeschichte erzählten und um Legalisierung aktiver Sterbehilfe baten. Die Kontakte vermittelte dem „Stern" die umstrittene Schweizer Sterbehilfeorganisation „Dignitas". Der Chefredakteur der Zeitschrift, Thomas Osterkorn, sprach in seinem „Editorial" suggestiv von einem „Recht auf einen würdigen Tod" und forderte mit scharfen Worten, den „unhaltbaren Zustand" des Sterbehilfeverbots in Deutschland zu beenden. Die „gnädige Hand", die dem Sterbewilligen den tödlichen Trunk gibt, dürfe nicht weiterhin kriminalisiert werden. Ob es sich wirklich und in jedem Fall um eine „gnädige Hand" handelt, wurde jedoch nicht diskutiert. Einwände gegen eine Legalisierung der aktiven Sterbehilfe formulierte in der entsprechenden Ausgabe (Nr. 48/2006) nur der Philosoph Robert Spaemann. Der Gesamtduktus lautete: Aktive Sterbehilfe muss in Deutschland legalisiert werden.

Alexander Nicht, 2006
Ende 2006 berichtete der „Spiegel" ausführlich über den Kampf einer Mutter aus Warnemünde, das Leben ihres im

Wachkoma liegenden Jungen zu beenden. Ihr Kind war 2002 von einem Auto angefahren worden und mit schwersten Schädelverletzungen („apallisches Syndrom") auf die Intensivstation gekommen. Nur die vegetativen Funktionen des Hirnstamms waren intakt, alle „höheren" Leistungen jedoch ausgefallen. Vor dem Unfall hatte er geäußert, dass er niemals künstlich am Leben erhalten werden wolle. So wie Christopher Reeve („Superman") wolle er nie enden.

In den Jahren nach dem Unfall äußerte die Mutter mehrfach seinen Wunsch nach aktiver Sterbehilfe, der Antrag blieb jedoch folgenlos. Als sie den Sohn aus der Klinik mit nach Hause nahm, damit er dort sterben könne, kam es zu einer Anzeige des Pflegedienstes. Die Betreuung wurde ihr gerichtlich entzogen, der Sohn sogar in ein Heim eingewiesen. Die Intention der Mutter Richtung aktiver Sterbehilfe sei eine „gezielte Tötung" und damit unrechtmäßig, so der Richter. Erst durch das Landesgericht bekam sie später das Betreuungsrecht zurück. Ein anderer Pflegedienst, der im Spiegel-Artikel namentlich nicht genannt wird, fand sich bereit, unter Anleitung eines Arztes die künstliche Ernährung einzustellen. Allerdings hörte Alexander erst nach vier Wochen und fünf Tagen auf zu atmen. Über juristische und medizinische Stellungnahmen zum „Fall Nicht" las man im Spiegel-Artikel nichts.

Am Beispiel von Alexander Nicht wird deutlich, wie stark die Einflussnahme von Angehörigen und das soziale Umfeld bei der Frage nach aktiver Sterbehilfe eine Rolle spielen.

Chantal Sébire, 2008
2006 wurde in Frankreich ein „Recht zu sterben" gesetzlich verankert, aktive Sterbehilfe blieb aber weiterhin verboten. Deshalb lehnte im März 2008 ein Gericht in Dijon einen Antrag einer 52-jährigen Französin auf ärztlich begleiteten Sui-

zid ab. Die Antragstellerin, Chantal Sébire, litt an einer seltenen Krebsart, die ihr Gesicht entstellt hatte. Der Tumor mitten im Gesicht war äußerst schmerzhaft und führte zur Erblindung der Patientin. Im französischen Fernsehen schilderte Sébire ihre ausweglose Situation. Das Gericht entschied jedoch, dass Ärzte unmöglich Leben vernichten dürften und Sterbehilfe weiterhin verboten bleiben müsse. Sébire starb nur wenige Tage nach der Urteilsverkündung durch ein Schlafmittel.

Solche Beispiele ließen sich beliebig aufzählen. Fast in jedem Land der Welt gibt es ähnliche Einzelfälle von Schwerstkranken, die um aktive Sterbehilfe bitten. Aber auch in Deutschland ist die Diskussionslage mittlerweile brisant: Allein 2007 zählte man im deutschen Fernsehen über dreißig Talkshows, die sich zur besten Sendezeit mit dem Thema beschäftigten und in denen auch über die eben genannten „Fälle" kontrovers diskutiert wurde.

Man darf dabei nicht übersehen: Selten wird über Schwerstkranke berichtet, die aktive Sterbehilfe bewusst ablehnen. Immer nur ist von Patienten die Rede, die unsäglich leiden und denen man den Wunsch nach Sterbehilfe nicht abschlagen könne. Dabei gibt es sehr wohl auch entgegengesetzte „Fälle". In Norwegen wurde Vidar Linga bekannt. Er litt an einer schweren, unheilbaren Hautkrankheit (Epidermolysis Bullosa). Sein Arzt, Stein Husebø, schrieb über das Leben Lingas ein bewegendes Buch mit dem aussagekräftigen Titel: „Leben lohnt sich immer". Er berichtete darin, dass Vidar Linga aktive Sterbehilfe in allen Phasen der Krankheit bewusst abgelehnt habe. Husebø, der als Arzt vor der Begegnung mit Linga aktive Sterbehilfe praktiziert hatte, wurde durch die Begegnung mit seinem Patienten zum bekanntesten Gegner der Sterbehilfe in Norwegen.

In Deutschland zählt Peter Radtke zu den entschiedenen Gegnern der aktiven Sterbehilfe. Der Schriftsteller ist selbst schwerstkrank und an den Rollstuhl gefesselt. Radtke ist Mitglied des „Deutschen Ethikrates" und hat sich in der Vergangenheit mehrfach mit wichtigen Argumenten gegen eine Aufweichung des Lebensschutzes und gegen die Freigabe aktiver Sterbehilfe in Deutschland ausgesprochen. Leider sind solche authentischen Voten in der öffentlichen Diskussion selten zu hören.

Nun haben wir bisher bereits benutzte Begriffe noch nicht klar definiert und voneinander abgegrenzt. Der griechische Begriff *Euthanasie* ist seit dem 5. Jahrhundert v. Chr. belegt und bedeutete einen „sanften" oder „schönen" Tod. Darunter wurde bis in die Neuzeit ein schmerzfreies Sterben verstanden, mitunter auch ein „ruhmreicher Tod". Der Gedanke an eine Beschleunigung des Todes war damit nicht verbunden. Der „Eid des Hippokrates" lehnte ausdrücklich die „Tötung auf Verlangen" ab. Allerdings gab es eine Art Idealisierung des selbst gewählten Suizids schon bei Plato, Aristoteles und in der philosophischen Richtung der Stoa. Auch die Einstellung lebenserhaltender Maßnahmen und die Tötung schwerkranker Neugeborener wurden unter bestimmten Umständen in der griechischen Philosophie gerechtfertigt, um den „idealen Staat" nicht zu schwächen.

Das frühe Christentum verwarf dagegen jede Form von aktiver Sterbehilfe mit der Begründung, jedes Leben sei eine Gabe Gottes, die man nicht leichtfertig verwerfen dürfe. Der Schutz der Kranken und Schwachen wurde zur Dienstaufgabe der Kirchen, was auch den Schutz der Sterbenden einschloss. Diese Verneinung aktiver Sterbehilfe und die Betonung von Sterbebegleitung finden sich auch durchgängig im gesamten Mittelalter.

Erst Francis Bacon führte zu Beginn der Neuzeit den Begriff „Euthanasie" unter einem völlig anderen Gesichtspunkt ein: Bei ihm ging es um ärztliche Maßnahmen, die dem Patienten das Sterben erleichtern sollten. Aber auch hier war noch nicht von einem Eingriff hin zum Tode die Rede. Unter Euthanasie verstand man Sterbebegleitung, keine Tötung auf Verlangen.

Wie noch zu zeigen sein wird, änderte sich das Verständnis von „Euthanasie" erst Ende des 19. und Anfang des 20. Jahrhunderts. Seither wird darunter die gesetzliche Freigabe der „Tötung auf Verlangen" verstanden. Mit dem „Dritten Reich" weitete sich dieser Begriff noch einmal aus. Seither verbindet man im deutschsprachigen Raum mit dem Begriff die staatlicherseits durchgeführte Tötung von alten, kranken, so genannten „lebensunwerten" Menschen gegen ihren Willen. Auch beim Holocaust, der systematischen Ermordung der europäischen Juden, stand die Euthanasie im Hintergrund, wurden doch in den Vernichtungslagern alte und kranke Juden sofort aussortiert und umgebracht.

Anders wird der Begriff im Ausland gebraucht. Hier versteht man unter Euthanasie generell auch die erbetene „Tötung auf Verlangen" oder den „ärztlich assistierten Suizid". Man geht daher offensichtlich viel ungezwungener mit dem Begriff um. In Deutschland ist angesichts der Vergangenheit der Begriff jedoch hoch problematisch und wird in der Praxis selten gebraucht. Gleiches gilt für dieses Buch: Wir verzichten auf den missverständlichen Begriff Euthanasie, es sei denn, es geht um aktive Sterbehilfe im Ausland, wo der Begriff ohne größere Vorbehalte gebraucht wird.

Häufiger wird im deutschsprachigen Kontext die Bezeichnung *aktive Sterbehilfe* verwendet. Aktive Sterbehilfe ist *Tötung auf Verlangen*. Sie hat deshalb die Tötung eines Menschen zum Ziel, um eine als lebensunwert empfundene

Situation zu beenden. Außerdem versteht man unter aktiver Sterbehilfe häufig auch *assistierten Suizid*. Der Begriff beschreibt eine Selbsttötung eines schwerkranken Menschen mit der Hilfe eines Arztes (oder der Angehörigen). Dabei wird dem Todeswilligen ein Medikament besorgt und bereitgestellt, das den schnellen Tod herbeiführen soll. Diese *Beihilfe zur Selbsttötung* wird manchmal auch als *Freitodbegleitung* bezeichnet. Assistierter Suizid kann sich dabei sowohl auf die Beschaffung von tödlich wirkenden Medikamenten beziehen, als auch auf die Anleitung zur Handhabung des Suizids. Der „Helfer" trägt damit eine Mitverantwortung am Tod des Patienten. Mitunter beginnt ein assistierter Suizid übrigens schon im Vorfeld, zum Beispiel bei der Beratung eines Schwerstkranken zum Suizid. Einige so genannte „Sterbehilfeorganisationen" haben sich auf die aktive Beratung und Begleitung Sterbewilliger spezialisiert.

Mit *passiver Sterbehilfe* ist das bewusste Unterlassen von lebensverlängernden Behandlungsmaßnahmen bei Sterbenden, also die Therapiebegrenzung, gemeint. Der Begriff ist eigentlich unglücklich gewählt, da es nicht um eine „passive" Haltung geht. Die Unterlassung einer Handlung ist natürlich auch ein aktives Geschehen. Außerdem steht das Begriffspaar sprachlich nahe an der „aktiven Sterbehilfe" und ist damit besonders für Laien nicht leicht von einer „Tötung auf Verlangen" zu unterscheiden. Trotzdem ist hier klar: Medizinische Eingriffe sind sinnlos und würden den schon begonnenen Sterbeprozess nur verlängern. Deshalb beschränkt man sich auf die Basisversorgung des Patienten. „Passive" Sterbehilfe ist deshalb etwas völlig anderes als „aktive" Sterbehilfe, deren Ziel die bewusste Tötung des Menschen ist.

Unter *indirekter Sterbehilfe* versteht man die Gabe einer hohen Dosis von Schmerzmitteln, um Leiden zu lindern. Eine unabsichtliche Folge davon kann der Eintritt des Todes sein.

Diese indirekte oder „ungewollte" Sterbehilfe steht unter einer Risikoabwägung: Auf der einen Seite gibt es die ärztliche Pflicht, Schmerzen zu lindern. Auf der anderen Seite ist das Risiko gegeben, dass der Todeseintritt dadurch beschleunigt werden könnte. Das Ziel der Behandlung ist in keinem Fall die geplante Tötung des Patienten. Deshalb muss auch die „indirekte" Sterbehilfe klar von der „aktiven" unterschieden werden.

In der Praxis werden die Begriffe häufig durcheinandergeworfen. Deshalb hat der „Nationale Ethikrat", eine ehemalige Einrichtung der Bundesregierung zur Beratung von Regierungsorganen, vorgeschlagen, auf den Begriff „Sterbehilfe" ganz zu verzichten. Bei „aktiver Sterbehilfe" empfiehlt der Rat die Formulierung „Tötung auf Verlangen", beim „ärztlich assistierten Suizid" spricht er von „Beihilfe zur Selbsttötung" und bei „passiver Sterbehilfe" von „Sterbenlassen". Diese Formulierungsvorschläge sind sinnvoll, weil sie die Tatbestände klarer voneinander abgrenzen. Es ist nur die Frage, ob sie sich langfristig durchsetzen werden.

Wir behalten in diesem Buch die weithin bekannte Sprachregelung bei und verstehen unter „aktiver Sterbehilfe" den „ärztlich assistierten Suizid" sowie die „Tötung auf Verlangen". In einigen Fällen werden wir diese beiden Arten der Sterbehilfe explizit unterscheiden.

2. AKTIVE STERBEHILFE IN VERGANGENHEIT UND GEGENWART

Bevor wir uns mit den Argumenten für und wider aktive Sterbehilfe auseinandersetzen, müssen wir uns mit der augenblicklichen Situation befassen. In welchen Ländern ist aktive Sterbehilfe aus welchen Gründen erlaubt? Wie sieht die gesetzliche Lage aus? Was sagen politische Gremien, die Mediziner und Juristen, was die Ethiker? Welche Sterbehilfeorganisationen gibt es und wie arbeiten sie?

Länder mit legalisierter aktiver Sterbehilfe

Aktive Sterbehilfe und ärztliche Beihilfe zum Suizid ist in den allermeisten Ländern verboten. Allerdings gibt es Ausnahmen. Es handelt sich fast ausschließlich um Länder, die an die Bundesrepublik Deutschland angrenzen.

Niederlande

Das bekannteste Beispiel für ein Land mit legalisierter aktiver Sterbehilfe sind die Niederlande. Hintergrund ist eine holländische Rechtstradition, die auf die Autonomie des Menschen großen Wert legt. Eine Fremdbestimmung von außen widerspricht schon geschichtlich der niederländischen Mentalität.

Die Freigabe aktiver Sterbehilfe hat deshalb in Holland eine

lange Tradition. Schon seit Mitte der 80er-Jahre des vergangenen Jahrhunderts waren aktive Sterbehilfe und assistierter
Suizid bei über 16-Jährigen straffreie Handlungen. Das eigentliche Sterbehilfegesetz, das im Jahr 2002 in Kraft trat, war
deshalb nur der Abschluss eines langen Diskussionsprozesses.

Die Lage sieht heute so aus: Die absichtliche Tötung ist
dann straffrei, wenn ein „unerträgliches und aussichtsloses
Leiden" besteht, der Patient wiederholt seinen Wunsch nach
aktiver Sterbehilfe ausgedrückt hat und er vom Arzt über seine Zukunftsperspektive und Heilungschancen aufgeklärt
worden ist. Tötung ohne Verlangen, so z. B. bei Komapatienten, ist in den Niederlanden offiziell verboten. Konsequent
beruft sich die holländische Gesetzgebung auf den Willen des
Einzelnen. Er ist die Norm für die Gesetzgebung, auch im Bereich des Sterbens. Mehrere „Sorgfaltskriterien" müssen erfüllt sein, um Missbrauch zu vermeiden. Überwacht wird das
Verfahren durch eine interdisziplinäre Kontrollkommission.

Die Zahl der gemeldeten Fälle von aktiver Sterbehilfe liegt
in den Niederlanden derzeit bei knapp 2.300 pro Jahr, im Jahr
2001 waren es 3.500. Das sind 1,7% aller Sterbefälle. 2003 lag
die Quote noch bei 2,3%. Bezogen auf alle „nicht plötzlichen
Todesfälle", also ohne Opfer von Unfällen usw., liegt der Wert
bei 3,9%. Auf die Problematik dieser Zahlen werden wir in
diesem Buch noch eingehen. Sie geben nicht das vollständige
Bild der holländischen Situation wieder.

Die Situation in den Niederlanden ist in Wirklichkeit der-
art verfahren, dass laut Hospiz-Stiftung dort immer mehr
Menschen eine so genannte „Lebensverfügung" („Maak mij
niet dood, Doktor") bei sich tragen, Erklärungen, die sich
gegen aktive Sterbehilfe aussprechen.

Durch die derzeitige Koalition der Sozial- und Christdemo-
kraten mit der calvinistischen „Christen-Union" ist nicht damit zu rechnen, dass der Sterbehilfeparagraph weiter ausgewei-

tet wird, obwohl dies einige Gruppen fordern. Klar ist aber auch: Die liberalen Regelungen in den Niederlanden zeigen, dass die Legalisierung zu einer Eigendynamik führt, die weit über die engen Grenzen der aktiven Sterbehilfe hinausgeht. Aus „Euthanasie" auf Verlangen wird am Ende ungewollt eine „Euthanasie" ohne Verlangen. Darauf werden wir noch zurückkommen müssen.

Belgien

Im Jahr 2002 verabschiedete auch das belgische Parlament ein Gesetz über aktive Sterbehilfe. Eine breite, öffentliche Debatte über „Euthanasie", wie sie aus den Niederlanden bekannt war, hat es in Belgien nicht gegeben.

Die getroffene Regelung geht noch über das niederländische Modell hinaus und gilt auch für unheilbar Kranke und Personen mit psychischen Leiden, selbst wenn der Tod nicht unmittelbar bevorsteht. Verboten ist dagegen der ärztlich begleitete Suizid. Das Gesetz ist beschränkt auf Jugendliche und Erwachsene, die im Vollbesitz ihrer geistigen Kräfte sein müssen. Es gilt nicht für geistig Behinderte und Demenzpatienten. Der helfende Arzt muss sicher sein, dass der Patient leidet und sein Zustand unumkehrbar ist. Sterbewillige müssen eine mündliche und schriftliche Willenserklärung abgeben. Kein Arzt kann gezwungen werden, den Willen des Patienten auszuführen. Jährlich registrierte man bisher 0,46% aller („nicht plötzlichen") Todesfälle im Rahmen dieses „Euthanasie"-Gesetzes.

Die belgische Regelung ist weltweit einmalig und nicht nur landesintern in der Diskussion. Kritiker bemängeln den fehlenden Schutz schwer kranker Patienten, die in den Tod gedrängt werden könnten. Die Regierungspartei VLD will dagegen die Sterbegesetze sogar noch auf Demenzkranke und Minderjährige ausweiten. Im März 2008 verlangte der bekannte Schriftsteller Hugo Claus nach aktiver Sterbehilfe, die ihm gewährt wurde. Er war an Alzheimer erkrankt. Claus schlug eine große Sympathiewelle entgegen.

Die Regelung in Belgien stieß auch bei den EU-Partnern außerhalb des Landes auf harsche Kritik. In Deutschland sprach die Hospiz-Stiftung angesichts der Gesetzeslage in Belgien von einer „Lizenz zum Töten". Jörg-Dietrich Hoppe, der Präsident der Bundesärztekammer in Deutschland, warnte gleichzeitig: „Wenn wir uns dieser Entwicklung nicht entgegenstellen, werden wir wohl eines Tages dazu kommen, dass schwer kranke Menschen eine Genehmigung einholen müssen, um weiterleben zu dürfen."

Luxemburg

Auch das dritte Beneluxland führte im Februar 2008 die aktive Sterbehilfe ein. Das Parlament billigte ein entsprechendes Gesetz mit knapper Mehrheit. Tötung auf Verlangen und Beihilfe zum Suizid sind für Ärzte straffrei. Voraussetzung ist, dass der Patient unheilbar krank ist, unerträglich leidet sowie freiwillig, überlegt und wiederholt schriftlich den Willen zur Lebensbeendigung bekundet. Bei Jugendlichen zwischen 16 und 18 Jahren müssen die Eltern zustimmen.

Angesichts der Aktualität der Entscheidung liegen bisher keine Erfahrungen oder empirische Daten über „Fälle" aktiver Sterbehilfe vor.

Schweiz

Etwas anders gestaltet sich die Situation in der Schweiz. Tötung auf Verlangen ist hier gesetzlich verboten (StGB Artikel 114), der ärztlich begleitete Suizid ist jedoch schon seit den 30er-Jahren des 20. Jahrhunderts gestattet (StGB Artikel 115). Eine parlamentarische Initiative zur völligen Freigabe der aktiven Sterbehilfe konnte sich 2002 nicht durchsetzen. Der derzeit gültige Artikel des Strafgesetzbuchs stammt noch aus einer Zeit, als man die Hilfe beim Suizid als „Freundesdienst" betrachtete. Das Schweizer Bundesgericht hat in diesem Zusammenhang 2006 bestätigt, dass der Wille des Menschen unbedingt zu schützen sei. Es berief sich dabei auf Artikel acht der Europäischen Menschenrechtskonvention.

Die Details der Gesetzgebung sehen so aus: Schweizer Ärzte dürfen die tödliche Dosis zwar verschreiben, der Patient muss das Medikament aber selbst einnehmen. Diese „Beihilfe zur Selbsttötung" gilt als straffrei. Sie darf nur bei Personen angewandt werden, die todkrank sind oder an einer unzumutbaren Behinderung leiden. Die betroffenen Menschen müssen genau wissen, was sie tun, urteilsfähig sein und dürfen nicht psychisch krank oder depressiv sein. Der Sterbewunsch muss dem erklärten Willen des Betroffenen entsprechen. Dritte dürfen diese Entscheidung nicht beeinflussen.

Strafbar ist der begleitete Suizid dann, wenn der „Helfende" sich bei der Tat durch selbstsüchtige Beweggründe leiten lässt. Im Gegensatz zum Sterbehilfegesetz in Belgien und den Niederlanden spielt der Arzt im Schweizer Modell eine untergeordnete Rolle. Er begleitet nur den Suizid. Die Entscheidung bleibt einzig und allein in der Verantwortung des Patienten.

Die Zahlen von Beihilfe zum Suizid sind widersprüchlich. Einige Studien sprechen von 300 pro Jahr. Nach einer Berechnung aus dem Jahr 2003 sollen es 0,36% aller Todesfälle sein, das wären 230 Fälle von assistiertem Suizid. Die Sterbehilfeorganisation „Dignitas" nennt 140 Suizide pro Jahr, „Exit" (deutsche und romanische Sektion) meldete für 2003 181 Fälle. Der „Suizid-Tourismus", insbesondere von Deutschen in die Schweiz, führte zu einem Anstieg der Gesamtzahlen. Zwischen 1998 und 2005 sollen fast 400 Deutsche in der Schweiz assistierten Suizid in Anspruch genommen haben, 2006 waren es 103. Unter der gemeldeten Gesamtzahl befanden sich vor allem Patienten, die an Krebs, ALS oder MS litten.

USA

In den Vereinigten Staaten ist aktive Sterbehilfe verboten. Allein der US-Bundesstaat Oregon legalisierte 1997 den ärztlich begleiteten Suizid. Dieses so genannte „Death-with-Dignity-Gesetz" wurde per Volksabstimmung (1994) eingeführt und gilt nur für Einwohner von Oregon über 18 Jahren. Ärzte können Patienten nach deren schriftlicher und mündlicher Einwilligung (vor zwei Zeugen) ein tödliches Medikament verschreiben. Voraussetzung ist allerdings, dass zwei Ärzte eine schwere Erkrankung diagnostizieren, die voraussichtlich innerhalb von sechs Monaten zum Tod führen wird. Eine Depression beim Sterbewilligen muss ausgeschlossen sein.

Bisher haben davon ca. 300 Personen Gebrauch gemacht, jährlich sind es nur ca. 0,1% aller Todesfälle. Mittlerweile liegen Erfahrungen mit der Regelung vor. Interessant ist, dass die Hälfte der Patienten die verschriebene tödliche Medikamentendosis nicht einnahmen, d. h. vor dem endgültigen Schritt des Suizids zurückschreckten. Allein dieser Tatbestand zeigt, dass man zwischen dem festen Willen von Todkranken, aktive Sterbehilfe in Anspruch zu nehmen, und der konkreten

Bereitschaft, den Schritt an sich selbst zu vollziehen, unterscheiden muss. Wie viel gefährlicher ist es dann, nur auf den Wunsch eines Patienten hin aktive Sterbehilfe durch einen Arzt vollziehen zu lassen!

Weitere Probleme kamen in Oregon nach und nach ans Licht. Es gab Ärzte, die sich nicht an eine verordnete 15-Tage-Frist bei der Verschreibung der tödlichen Medikamente hielten. Es ist auch unklar, was mit den tödlichen Medikamenten passiert, die nicht genommen wurden und bis heute in den Medizinschränken der Angehörigen liegen. Es gab Fälle von unsachgemäßem Gebrauch der Medikamente oder Komplikationen bei der Einnahme zu Hause, bei denen der Tod erst nach Stunden eintrat. Mediziner haben außerdem mehrfach darauf hingewiesen, dass es in manchen Fällen unmöglich sei, eine genaue zeitliche Prognose über den Verlauf einer Krankheit zu fällen. Bei bestimmten Diagnosen ginge es tatsächlich nur noch um Stunden und Tage. Je länger jedoch der Zeitraum der Prognose sei, desto unsicherer sei sie. Einige Experten wiesen darauf hin, dass die Fixierung auf ärztlich assistiertes Sterben in Oregon dazu geführt habe, weniger Energie in die Palliativbetreuung zu investieren, was wieder andere Experten bestritten. Das Gesetz von Oregon liegt derzeit dem Obersten Gerichtshof in den USA zur Prüfung vor, weil die Bundesstaatsanwaltschaft darin einen Verstoß gegen das Bundesgesetz zu Betäubungsmitteln sieht.

In anderen Bundesstaaten der USA ist jede Form der aktiven Sterbehilfe verboten. Der Pathologe Jack Kevorkian („Dr. Death") wurde deshalb im Bundesstaat Michigan angeklagt, nachdem bekannt wurde, dass er in den 90er Jahren mehr als 100 schwerkranken Patienten zum Suizid verholfen habe. Er wurde 1999 zu einer langjährigen Haftstrafe verurteilt, 2007 aber vorzeitig aus der Haft entlassen. Schon in den 60er-Jahren hatte er für Furore gesorgt, da er eine Bluttransfusion von

Leichenblut auf Lebende favorisierte. 1988 schlug er in der Zeitschrift „Medicine and Law" sogar vor, Sterbestätten einzurichten, in denen Menschen auf Verlangen von Ärzten „euthanasiert" werden könnten. Ende der 80er-Jahre konzipierte er eine „Todesmaschine", ein Injektionsapparat, der zunächst Thipental und dann Kaliumchlorid injiziert – eine Methode, die mittlerweile durch den deutschen Juristen Roger Kusch in Hamburg kopiert wurde. Später setzte Kevorkian die „Kohlenmonoxyd-Methode" ein, bei der ein Kanister mit dem tödlichen Gas mit einer Gesichtsmaske verbunden wurde.

Die Tragik im Falle Kevorkian war, dass es acht Jahre dauerte, bis sich Politiker und Richter auf ein einheitliches Vorgehen und eine Verurteilung einigen konnten. Erst mit der Zeit wurden in Michigan Gesetze verabschiedet, die ärztlich assistierten Suizid unter Strafe stellten. Bis dahin assistierte Kevorkian in über 100 Fällen beim Suizid von Schwerstkranken. Erst ein Video, das Kevorkian bei einer aktiven Sterbehilfe zeigte (Injektion eines tödlichen Mittels bei einem ALS-Patienten), führte zu seiner Verurteilung.

Die augenblickliche Situation in den USA in Fragen der aktiven Sterbehilfe ist unübersichtlich. Symptomatisch für die öffentliche Meinung ist der 2004 erschienene Kinofilm „Million Dollar Baby", in dem ein Trainer (gespielt von Clint Eastwood) nach schweren inneren Zweifeln einer schwerbehinderten Boxerin ihren Wunsch auf Tötung erfüllt. Das Verständnis innerhalb der amerikanischen Bevölkerung für die Entscheidung der Sportlerin und ihres Trainers war groß.

Die weltweite Situation

Nach einer Studie des Europarates aus dem Jahr 2003 über die Rechtslage in 34 der mittlerweile 47 Mitgliedsländern sowie den mit Beobachterstatus versehenen USA zeigt sich, dass in mindestens 28 Ländern strafrechtliche Sanktionen zum Thema Sterbehilfe bestehen, wobei diese nicht in allen Ländern zur Anwendung kommen. Ärztlich assistierter Suizid ist in 23 Staaten verboten.

Frankreich strebt derzeit keine Legalisierung der aktiven Sterbehilfe an. Die Publikation einer Suizidanleitung führte 1987 dazu, dass man die Verleitung zur Selbsttötung explizit unter Strafe stellte. Allerdings dreht sich seither die Stimmung. Das höchste Gremium für Bioethik riet im Jahr 2000, in extremen Ausnahmefällen aktive Sterbehilfe zu erlauben, um die vermutete hohe Zahl von Fällen „heimlicher Euthanasie" zu verhindern. Der damalige französische Gesundheits- und spätere Außenminister Bernhard Kouchner, Gründungsmitglied der Gesellschaft „Ärzte ohne Grenzen", hatte öffentlich zugegeben, während seiner humanitären Hilfseinsätze im Libanon und in Vietnam durch eine hohe Dosis Morphium Sterbenden „geholfen zu haben". Die oben geschilderten dramatischen Erlebnisse um Vincent Humbert und Chantal Sébire führten ebenfalls dazu, dass mehrere Organisationen die Freigabe aktiver Sterbehilfe forderten, insbesondere der Verein „Association pour le Droit de Mourir dans la Dignité" (ADMD).

In stark vom Katholizismus geprägten Ländern ist die Zurückhaltung gegenüber aktiver Sterbehilfe stärker ausgeprägt als in Ländern mit einer protestantischen Tradition. Trotzdem gibt es auch dort Diskussionen, die oft durch spektakuläre Einzelfälle ausgelöst werden. So erlebte Spanien in den 90er Jahren eine emotionale Debatte um den Seemann Ramón Sampredro. Er erlitt als 26-Jähriger einen Badeunfall, durch den er vom Hals ab gelähmt war. Sein Wunsch nach aktiver Sterbehilfe wurde 1993 durch das spanische Gericht abgelehnt. 1998 nahm er sich mit Hilfe einer Freundin mit Hilfe von Zyankali das Leben. Der mit einem Oscar ausgezeichnete Film „Das Meer in mir" von Alejandro Amenábar erzählt die dramatische Geschichte von Ramón Sampredro.

Auch in anderen Staaten der EU gibt es eindeutig Forderungen zur Legalisierung von aktiver Sterbehilfe, so z. B. in einigen osteuropäischen Ländern. „Beihilfe zum Suizid" ist heute in Estland erlaubt, wobei man bedenken muss, dass Estland sowieso schon die höchste Suizidrate in Europa hat.

In Großbritannien wird die Auseinandersetzung um die Legalisierung des ärztlich assistierten Suizids seit Jahren heftig geführt. Eine Parlamentsmehrheit für die Legalisierung aktiver Sterbehilfe ist nicht in Sicht, ein entsprechender Vorstoß wurde 2005 allerdings nur mit knapper Mehrheit zurückgewiesen. Insbesondere Lord Joel Joffe gilt als vehementer Befürworter aktiver Sterbehilfe in England. Die Bewegung „Care not killing" sprach sich gegen eine Freigabe aus und gewann im Laufe der Debatte viele Anhänger. Auf der anderen Seite steht die Bewegung „Dignity in Dying", die an einer Liberalisierung der Gesetzgebung arbeitet.

Im Nordterritorium von Australien wurde aktive Sterbehilfe im Sommer 1996 legalisiert, der Beschluss wurde jedoch schon im Frühjahr 1997 vom Bundesparlament wieder aufgehoben.

Auch in anderen Ländern der westlichen Welt wogt derzeit eine lebhafte Debatte um aktive Sterbehilfe, immer wieder angefacht durch spektakuläre Medienberichte.

Die deutsche Geschichte: Euthanasie im Dritten Reich

Aktive Sterbehilfe ist in Deutschland viele Jahrhunderte kategorisch abgelehnt worden. Die Lebensspanne, so die Überzeugung vieler Menschen der Vergangenheit, würde von Gott gesetzt. Somit verbiete sich der aktive Eingriff des Menschen auf das Leben. Sterben war „Schicksal", nicht Wahl.

Erst im Laufe des 19. Jahrhunderts finden wir im deutschsprachigen Raum vereinzelte Stimmen, die sich für aktive Sterbehilfe aussprachen. Die Sachlage änderte sich mit dem Siegeszug von „Rassenideologien". Die Schule des „Sozialdarwinismus" begründete im späten 19. Jahrhundert jene unsägliche Rassentheorie, die den Wert eines Volkes mit der ethnischen Abstammung verband. Die Eliminierung „unwerten Lebens" war dabei für die Höherentwicklung der Menschen eine Notwendigkeit. Der Naturforscher Ernst Haeckel propagierte Anfang des 20. Jahrhunderts eine Art evolutionäre Euthanasie („Tötung auf Verlangen bei unheilbar Kranken", 1913). Schon 1895 hatte der Sozialtheoretiker Adolf Jost sein Buch „Das Recht auf den Tod" veröffentlicht, in dem er dem Staat die Möglichkeit zugestehen wollte, für höhere Ziele Leben zu beenden. Der soziale Organismus des Volkes müsse gesund bleiben.

Die breite Akzeptanz der „Euthanasie" geht jedoch auf einen bekannten Strafrechtler zurück, Karl Binding. Er veröffentlichte 1920 zusammen mit dem Psychiater Alfred Hoche ein Buch, das zum Klassiker der „Euthanasie" wurde. Der Titel: „Die Freigabe der Vernichtung lebensunwerten Lebens: Ihr Maß und ihre Form". Beide Autoren galten als anerkannte Autoritäten auf ihrem Gebiet.

Das Buch ist eine in sich geschlossene und auf den ersten Blick überzeugende juristische und medizinische Rechtfertigung, dass „lebensunwertes Leben" vom Staat getötet werden dürfe. Binding argumentierte dabei streng logisch. Sein Ausgangspunkt war eine „positivistische Rechtstheorie", die jede Form einer religiösen Rechtsbegründung ablehnte. Binding ging davon aus, dass Werte wie das Leben im Prinzip abstufbar seien und das Tötungsverbot Ausnahmen vorsehen könne, wenn es die aktuelle gesellschaftliche Situation und Politik erfordere. Gesetzestreue war für Binding keine Wortlauttreue dem Gesetz gegenüber, sondern Normentreue, die sich immer wieder neu an der gesellschaftlichen Situation orientieren müsse.

Eine Ausnahme des absoluten Tötungsverbotes sah Binding in dem Moment gegeben, wenn die Gesellschaft als Ganzes Schaden nehme, zum Beispiel, wenn man unwertes Leben erhält. Die Vernichtung von „lebensunwertem Leben" könne man akzeptieren, da dadurch der Gesellschaft als Ganzes geholfen würde.

„Euthanasie" war für Binding die Beschleunigung eines schmerzbeladenen Sterbens. Eine Einwilligung des Leidenden sei dafür nicht nötig. Nur ein vorliegendes ausdrückliches Verbot des Kranken sei bindend. Wer als Kranker oder Behinderter seinen eigenen Tod verlange, schätze das Leben nicht mehr als wertvoll ein. „Unheilbar Blödsinnige" gehören nach Binding zum „Leben negativen Wertes". Sie zu töten sei keine Straftat, denn es handle sich um „absolut zweckloses Leben", um eine „furchtbare schwere Belastung" für die Angehörigen und die Gesellschaft, „ihr (der Blödsinnigen) Tod reißt nicht die geringste Lücke auf".

Bindings Unterscheidung zwischen wertvollem und unwertem Leben wurde im Dritten Reich ideologisch auf die Spitze getrieben. Hitlers Rassismus unterschied verschiedene Qualitäten der Völker. Die höchste Stufe waren für ihn die „Arier", der Abschaum der Menschheit dagegen die Juden.

Schon in „Mein Kampf" beklagt er, dass die Menschen selbst „das Schwächlichste, ja Krankhafteste um jeden Preis zu retten" bereit seien, statt der Natur das Feld zu überlassen. Dabei prophezeite er: „Ein stärkeres Geschlecht wird das Schwache verjagen …, um an seine Stelle die Humanität der Natur treten zu lassen, die die Schwäche vernichtet, um der Stärke den Platz zu schenken."

Hitler sah sich dazu bestimmt, diese „Korrekturen zum Besseren" vorzunehmen. Der Chefideologie der Nazis, Alfred Rosenberg, vertiefte diese Kerbe, indem er gegen das „christlich-kirchliche Mitleid mit den Schwachen" polemisierte.

Parallel zum Antisemitismus wurde ab 1933 auch gegen „lebensunwertes Leben" Front gemacht. Zunächst wurde mit Filmen gearbeitet. In den Streifen „Das Erbe" und „Opfer der Vergangenheit", beides Schulungsfilme, wurde gegen Geisteskranke und „unproduktive Menschen" Stimmung gemacht. So genannte „Erbgesundheitsgesetze" und die Lehre von „unnützen Essern" dienten als weitere Wegbereiter. Zunächst favorisierte man für einige Jahre die Zwangssterilisierung, später begann man mit dem Genozid. In einem „Schulbuch der Mathematik für höhere Schulen" von 1935 fand sich eine Kalkulation, wie viel Geld geisteskranke Personen den Staat kosten. Die Schüler sollten die Ausgaben des Staates für alle 300.000 Geisteskranken ausrechnen! Unter Aufgabe Nr. 95 hieß es: „Der Bau einer Irrenanstalt erforderte sechs Millionen Reichsmark. Wie viele neue Wohnblocks à 15.000 Reichsmark würden für diese Summe gebaut werden können?"

Ab 1939 begann man mit der systematischen Vernichtung „lebensunwerten Lebens". Hitler scheint absichtlich bis zum Anfang des Krieges gewartet zu haben, da er in solchen Notzeiten eine höhere Akzeptanz für seine Pläne erwarten konnte. Die Euthanasie-Aktion „T4", benannt nach der Adresse

„Tiergartenstraße 4" in Berlin, dem Sitz der „Euthanasie-Zentrale", verharmlosend auch „Aktion Gnadentod" genannt, führte zu einer der größten Katastrophen der Menschheitsgeschichte. Der Massenmord an Kranken und Behinderten wurde in bürokratischer Manier, unter strenger Geheimhaltung und gezielten Täuschungsmaßnahmen, durchgeführt. Nur etwa 300 Ärzte, Beamte und Angestellte waren daran beteiligt. Die Zahl der Getöteten ist nicht genau rekonstruierbar, man kann aber sicher von 70.000 ausgehen. Darüber hinaus wurden auch später weitere Menschen, besonders in den Ostgebieten, durch aktive Sterbehilfe getötet, so dass die Gesamtzahl der Opfer auf 260.000 geschätzt wird. Die ersten 70.000 Opfer wurden in sechs Tötungsanstalten (Schloss Grafeneck, Zuchthaus Brandenburg an der Havel, Bernburg an der Saale, Hadamar bei Limburg, Schloss Hartheim bei Linz und Sonnenstein bei Pirna) umgebracht. Mitunter wurden an ihnen auch grausame medizinische Experimente durchgeführt.

Insgesamt gab es drei Wellen der „Euthanasie-Aktion": zunächst ab August 1939 die Tötung geistig und körperlich behinderter Kinder bis zum Alter von drei Jahren, dann die Tötung von Patienten aus Heilanstalten in den eroberten polnischen Gebieten und, ab Oktober 1939, die Tötung der Patienten in Kliniken auf dem Reichsgebiet. Getötet wurde durch Gas, mitunter auch durch Giftspritzen und „Hungersterben". Allein bei der ersten Aktion wurden über 5.000 Kinder ermordet. Überraschend ist, dass für dieses Euthanasieprogramm keine gesetzliche Grundlage geschaffen wurde. Es herrschte vielmehr die schon von Binding vertretene allgemeine Überzeugung, dass auch eine ungeschriebene gesellschaftliche Norm Handlungsmöglichkeiten legitimiert. In diesem Sinne konnte Reichsjustizminister Freisler 1941 formulieren, dass die Freigabe der Vernichtung lebensunwerten Lebens keines Gesetzes bedürfe. Zur Organisation reichten bloße Verwaltungsregeln.

Die Behinderten wurden von zu Hause oder aus Heimen abgeholt – unter dem Vorwand, sie sollten in einer „Fachabteilung" kuriert werden. Vor Ort mussten dann drei Ärzte unabhängig voneinander über Leben und Tod entscheiden. Kurze Zeit später bekamen die Angehörigen die Nachricht, der Patient sei plötzlich gestorben. Die Leichen wurden sofort verbrannt, damit niemand nachprüfen konnte, ob der Patient an einer natürlichen Krankheit gestorben sei. In den Verlautbarungen zum Thema wird von „unproduktiven Volksgenossen" gesprochen, oder ganz im Sinne von Binding von „unwertem Leben".

Bemerkenswert war die kurzzeitige Einstellung des Euthanasieprogramms im Jahr 1941, ausgelöst durch den Druck der Angehörigen und der Kirchen. Eine verschlüsselte Kritik am Euthanasieprogramm der Nazis enthielt zunächst ein Hirtenwort der katholischen Bischöfe am 6. Juli 1941, das von allen Kanzeln verlesen wurde. Eine weitere mahnende Stimme war der Bischof von Münster, Clemens August Graf von Galen. In einer mutigen Predigt am 3. August 1941 in der Lamberti-Kirche setzte er Binding die unumstößliche göttliche Norm „Du sollst nicht töten" entgegen und führte den Zuhörern vor Augen, was eine konsequente Anwendung der Euthanasie bedeuten würde. Auch Altersschwache, Invalide und schwerverletzte Soldaten könnten darunter fallen. Die Konsequenz sei: „Dann ist keiner von uns seines Lebens noch sicher." Zu den Gründen des Abtransports sagte er: „Man urteilt: Sie können nicht mehr Güter produzieren, sie sind wie eine alte Maschine, die nicht mehr läuft, sie sind wie ein altes Pferd, das unheilbar lahm geworden ist, sie sind wie eine Kuh, die keine Milch mehr gibt. Was tut man mit solch alter Maschine? Sie wird verschrottet."

Aufhalten konnten diese Stimmen die Tötungsmaschinerie der Nazis nicht, die in reduzierter Form und unter stärkerer Geheimhaltung fortgesetzt wurde (getarnt als Reichsausschuss). Aber immerhin wird daran deutlich, dass Protest selbst in den frühen Kriegsjahren noch Reaktionen hervorrief. Die bedrückende Frage bleibt, warum nicht mehr Menschen dem „Rad in die Speichen fielen".

1941 erschien – nach mehreren verworfenen Vorlagen – der Film „Ich klage an", ein geschickter Propagandacoup der Nazis, mit dem in der Bevölkerung für aktive Sterbehilfe geworben werden sollte. Der Film erzählt, nach einer Romanvorlage von Hellmuth Unger, die Geschichte einer an Multipler Sklerose erkrankten Frau, die auf ihren Wunsch hin von ihrem Ehemann, einem Mediziner, durch eine Überdosis von Medikamenten gezielt getötet wird. Im letzten Teil des Films wird der Strafprozess gegen den Mediziner dargestellt, wobei das Urteil des Gerichtes nicht mehr vorkommt. Bewusst bleibt das Ende offen. Jeder Zuschauer soll selbst sein Urteil fällen. Der Ehemann verteidigt sich, er habe doch nur humanitär gehandelt, aus Liebe zu seiner Frau. Außerdem verteidigt er sich mit dem Hinweis auf „Hunderttausende hoffnungslos Leidender" – ein Hinweis auf die von den Nazis forcierte Vernichtung lebensunwerten Lebens. Der Film wurde im Dritten Reich mehrfach ausgezeichnet.

Die ausführlichere Darstellung des Euthanasieprogramms der Nationalsozialisten soll deutlich machen, dass es erhebliche Unterschiede zur heutigen Situation gibt. Die damalige „Euthanasie" war eine staatliche Zwangsmaßnahme gegen den Willen der Patienten. Davon kann bei den heutigen Befürwortern aktiver Sterbehilfe nicht die Rede sein.

Aber die Darstellung macht auch deutlich, wie wichtig die gesellschaftlichen Rahmenbedingungen für die Diskussion um aktive Sterbehilfe sind. Die Argumente der Befürworter aktiver Sterbehilfe fielen mit einer politischen Konstellation zusammen, in der der Schutz des Lebens ideologischen Denkmustern unterworfen war. Die „Eugenik" entsprach einem „Kosten-Nutzen-Modell", der Wert des Lebens wurde den Interessen der Gesellschaft untergeordnet. In der derzeitigen Situation muss deshalb darauf geachtet werden, dass solche ideologischen Welt- und Menschenbilder keinen Raum gewinnen.

Aktive Sterbehilfe und die Mediziner

Aktive Sterbehilfe ohne die Hilfe eines Mediziners ist eigentlich undenkbar. Sei es, dass er direkt die Todesspritze setzt, oder das Medikament für den Patienten besorgt: In fast allen Fällen sind Ärzte beteiligt. Sie sind es auch, die mit der großen Not schwerstkranker Menschen konfrontiert sind. Auf ihnen liegt eine hohe Belastung und eine große Verantwortung.

So wundert es auch nicht, dass es immer wieder einzelne Ärzte sind, die angesichts belastender Erfahrungen mit Schwerstkranken und Sterbenden für aktive Sterbehilfe votieren. In Deutschland war es in den 8oer-Jahren Julius Hackethal. Auch der Pionier der Herztransplantation Christiaan Barnard aus Südafrika plädierte schon früh für aktive Sterbehilfe.

Anders dagegen die Ständevertretungen der Ärzte. Die Bundesärztekammer hat sich z. B. in den vergangenen Jahren mehrfach mit dem Thema befasst. Immer wieder wurde darauf hingewiesen, dass sowohl die aktive Tötung eines Menschen als auch die Beihilfe zur Selbsttötung mit dem ärztlichen Selbstverständnis unvereinbar sei. Jeder Patient müsse sich zu jeder Zeit sicher sein, dass Ärzte konsequent für das Leben eintreten.

2001 entschied auch der „Deutsche Ärztetag", dass die „Tötung auf Verlangen" mit dem ärztlichen Ethos unvereinbar sei. Im April 2004 verabschiedete er neue „Grundsätze zur ärztlichen Sterbebegleitung", in denen erneut aktive Sterbehilfe kategorisch ausgeschlossen wurde. Andererseits sei der Arzt verpflichtet, Schmerzen und Leiden zu mindern und wenn nötig auch auf medizinische Maßnahmen zu verzichten, um den bevorstehenden Tod nicht hinauszuschieben.

Der „Weltärztebund" hatte sich vorher schon ebenfalls gegen aktive Sterbehilfe ausgesprochen. In seiner Deklaration zur „Euthanasie" aus dem Jahre 1987 (39. Generalversammlung Madrid 1987) hieß es: „Euthanasie, d. h. die absichtliche Herbeiführung des Todes eines Patienten, selbst auf dessen Wunsch oder auf Wunsch naher Angehöriger, ist unethisch. Der Arzt sollte jedoch das Verlangen eines Patienten nach einem natürlichen Sterben im Endstadium einer tödlichen Krankheit respektieren."

1992 wiederholte der Weltärztebund seine Warnung: „Ärztliche Hilfe zum Selbstmord ist wie Euthanasie unethisch und muss von der Ärzteschaft verurteilt werden. Wenn die Hilfe des Arztes sich bewusst und absichtlich darauf richtet, einem Menschen zu ermöglichen, sein Leben selbst zu beenden, handelt der Arzt unethisch. Jedoch ist es ein Grundrecht des Patienten, die ärztliche Behandlung abzulehnen, und der Arzt handelt nicht unethisch, auch wenn die Achtung einer solchen Willensäußerung zum Tode des Patienten führt" (44. Generalversammlung Marbella 1992).

Auch die gesetzlichen Regelungen in den Niederlanden führten nicht dazu, dass der Weltärztebund seine Meinung änderte. Noch im Mai 2001 bekräftigte er seine Überzeugung und forderte Ärzte auf, sich nicht an gesetzlich legitimierten Euthanasiemaßnahmen zu beteiligen.

Die Situation in den Kliniken vor Ort ist aber häufig komplizierter. Die Verantwortungsbereiche der Ärzte haben sich in den letzten Jahren verändert. Zwar gibt es mittlerweile einen ganzen Wissenschaftszweig, die Gerontologie, die sich mit dem Phänomen des Alterns beschäftigt. Immer häufiger werden alte Menschen mit ihren Bedürfnissen in den Mittelpunkt des medizinischen Fortschrittes gestellt. Andererseits wachsen die Erwartungen an den Arzt ins Unermessliche. Der Mediziner als Sterbebegleiter ist ein eher junges Phänomen. Kümmerten sich früher die Angehörigen und die Diakonie um die Sterbenden, ist es heute oft der Arzt, der in den letzten Stunden des Lebens eine Schlüsselrolle einnimmt. Die besondere Belastung der Ärzte in solchen Extremsituationen ist offensichtlich. Er soll medizinischer Fachmann und zugleich Seelsorger sein. Oftmals ruht die Last der Entscheidung auf seinen Schultern, weil sich die Angehörigen allein auf ihn verlassen. Ärzte wollen helfen, Leiden lindern, Schmerzen nehmen. Das volle technische Instrumentarium steht ihnen zur Verfügung. Zudem ist der Arzt mit den Erwartungen der Angehörigen konfrontiert, wie immer die auch aussehen. Mitunter spielen auch juristische Unklarheiten eine Rolle, zum Beispiel mögliche Regressansprüche. In dieser Spannung Arzt zu sein, ist nicht leicht.

Aktive Sterbehilfe und die Politiker

Es ist in Deutschland praktisch unbekannt, dass in den Gremien der EU seit Jahren das Thema „Euthanasie" kontrovers behandelt wird. Nur einige wenige Beispiele können hier genannt werden.

So hat sich z. B. der Europarat mehrfach mit der Frage der Sterbehilfe beschäftigt. Ziel war zunächst, einen breiten euro-

päischen Konsens zu finden, dem alle Länder zustimmen können. Davon ist man mittlerweile wegen unüberbrückbarer
Differenzen abgerückt. Grundlegend war lange Zeit die Emp-
fehlung 1418 des Europarates von 1999, die unter dem Titel
„Schutz der Menschenrechte und der Würde der Todkranken
und Sterbenden" veröffentlicht wurde. In ihr wurde der
Schutz des menschlichen Lebens vor allen Fremdeinflüssen
ausdrücklich bestätigt.

Allerdings drehte sich der Wind wenige Jahre später. Einige Delegierte forderten 2003, die 1999 formulierte Auffassung
zu revidieren, um die „Euthanasie" in den Mitgliedsstaaten
des Europarates leichter möglich zu machen. Die Befürworter
der aktiven Sterbehilfe erreichten unter ihrem Wortführer
Dick Marty eine Neuaufnahme der Euthanasiediskussion im
Europarat, unterstützt von Vertretern aus den Niederlanden
und Belgien. Die „Parlamentarische Versammlung" des Europarates diskutierte in der „Herbst-Session", ob dieses Thema
auf die Tagesordnung kommen sollte. Mit einer Zweidrittel-
Mehrheit wurde das Thema abgewiesen. Ziel der Kampagne
von Marty war die Straffreiheit für Ärzte, die an aktiver Sterbehilfe beteiligt waren (Social, Health and Family Affairs
Committee, Doc. 9898 vom 10. September 2003). Der Sozial-
und Gesundheitsausschuss der Versammlung hatte diesem
Vorhaben schon mehrheitlich zugestimmt (14:12).

Marty gab keine Ruhe. 2004 legte er einen neuen Bericht
vor, der auf den Begriff „Euthanasie" verzichtete und nur
noch von „Unterstützung von Patienten am Lebensende"
sprach. Wieder wurde sein Bericht vom Sozialausschuss ge-
nehmigt, die Parlamentarische Versammlung verweigerte aber
erneut, den Bericht auf die Agenda zu setzen. Im April 2005
lehnten die Mitgliedsstaaten des Europarates eine rechtliche
Regelung der aktiven Sterbehilfe ab. Damit war die Angelegenheit aber immer noch nicht erledigt.

Bis heute gibt es Abgeordnete im Europaparlament, die einer Legalisierung der aktiven Sterbehilfe aufgeschlossen gegenüberstehen. Im Juli 2007 fand zum Beispiel im Europaparlament eine offene Anhörung statt, organisiert von Parlamentariern und Anhängern der „Right-To-Die-Bewegung", insbesondere dem britischen Liberaldemokraten Chris Davies. Dabei traten bekannte Vertreter von Sterbehilfeorganisationen auf, so Ludwig Minelli von „Dignitas" sowie Jean-Luc Romero und Jacqueline Herremans von der „World Federation of Right to Die Societies". Besonders die Allianz der Liberalen im Europaparlament favorisiert bis heute die Legalisierung von aktiver Sterbehilfe in Europa.

An diesen neuen Debatten wird deutlich, dass in europäischen Institutionen die Befürworter der aktiven Sterbehilfe Einfluss haben. Auch hier wird sich in den nächsten Jahren zeigen, ob die liberalen Vertreter einer Freigabe der aktiven Sterbehilfe sich durchsetzen können, oder aber ob die konservativen Kräfte die Mehrheit behalten. Sicher ist der Ausgang der Debatte nicht.

Aktive Sterbehilfe und die Juristen

Aktive Sterbehilfe ist in Deutschland durch § 216 des Strafgesetzbuches verboten. Unter der Überschrift „Tötung auf Verlangen" heißt es dort, dass eine Tat auch dann strafbar bleibt, wenn die Tötung eines Menschen mit seiner Einwilligung vorgenommen wurde. Wörtlich heißt es: „(1) Ist jemand durch das ausdrückliche und ernstliche Verlangen des Getöteten zur Tötung bestimmt worden, so ist auf Freiheitsstrafe von sechs Monaten bis zu fünf Jahren zu erkennen. (2) Der Versuch ist strafbar."

Unzweifelhaft ist diese klare Ablehnung der aktiven Sterbehilfe auf dem Hintergrund des Euthanasieprogramms der Nationalsozialisten zu verstehen. Deshalb gab es viele Jahre nach dem „Dritten Reich" auch juristisch keine Initiativen, die aktive Sterbehilfe oder den ärztlich assistierten Suizid rechtfertigen wollten. Zusätzlich sichert bis heute das Grundgesetz die „Unantastbarkeit der Menschenwürde" (Art. 1 Abs. 1) sowie das Lebensrecht und das Recht auf körperliche Unversehrtheit (Art. 1 Abs. 2). Außerdem ist es in Deutschland nicht möglich, das für einen „schmerzfreien Suizid" nötige Medikament Natrium-Pentobarbital legal zu bekommen.

Eine erste juristische Auseinandersetzung um Sterbehilfe gab es 1984 im „Fall Wittig". Ein Arzt unternahm bei einer langjährigen Patientin nach Suizidversuch keine Hilfsmaßnahmen, da die Patientin vorher eindeutig ihren Suizidwillen geäußert hatte. Der Arzt wurde vom Vorwurf der unterlassenen Hilfeleistung freigesprochen. In der Begründung hieß es, dass dem Arzt keine Tötung auf Verlangen vorgeworfen werden könne.

Spektakulärer war der „Fall Hackethal", der 1984 vor dem Oberlandesgericht München verhandelt wurde. Er hatte einer Patientin (wie oben beschrieben) auf Verlangen ein Tötungsmittel zur Verfügung gestellt. Das Gericht lehnte die Eröffnung eines Hauptverfahrens ab, da ein hinreichender Tatverdacht nicht vorläge. Auch hier sahen die Anwälte keinen Tatbestand unterlassener Hilfeleistung. Das Selbstbestimmungsrecht des Patienten begrenze prinzipiell die Garantenstellung des Arztes. Das Gericht meinte sogar, dass die „Erlösung" der Patientin gegenüber einer qualvollen Krankheitssituation überwiegen würde.

1986 wandte sich eine Gruppe von Strafrechtlern aus Deutschland, Österreich und der Schweiz mit einem „Alternativentwurf eines Gesetzes über Sterbehilfe" an die Öffentlichkeit, in dem bei Tötung auf Verlangen Straffreiheit verlangt wurde. Allerdings sollte diese Ausnahmeregelung nur bei schwerstem Leid möglich sein, das unheilbar und nicht zu ertragen sei. Dieser Entwurf konnte sich damals nicht durchsetzen.

Symptomatisch für die Gesetzeslage war auch der Fall des „Erlanger Babys" 1992. Bei einer in der 15. Woche Schwangeren wurde der Hirntod festgestellt. Die Ärzte entschieden, den Organismus so lange am Leben zu erhalten, bis das Baby groß genug sei, um es „zu holen" (32. Woche). Wenige Wochen später kam es jedoch zu einem Spontanabort. Der Fall erregte die Bevölkerung, die mehrheitlich die Weiterführung der Therapie ablehnte. Aus rechtlicher Sicht wäre jedoch die Beendigung der Intensivtherapie strafbar gewesen, da auch das ungeborene Kind ein Recht auf Leben hat.

Im so genannten „Kemptener Sterbehilfeprozess" fällte der Bundesgerichtshof 1994 eine Entscheidung, die von großer Bedeutung war. Es ging damals um eine 70-jährige demenzkranke Frau, die durch einen erlittenen Herzstillstand irreversibel schwer zerebral geschädigt war. Außerdem musste sie künstlich ernährt werden. Nachdem sich nach über zwei Jahren ihr Zustand nicht gebessert hatte, plädierte der Arzt auf Einstellung der Sondenernährung. Der Sohn erklärt sich einverstanden, auch weil die Mutter sich vor Jahren für die Einstellung von Behandlungen ausgesprochen hatte. Das Pflegepersonal setzte sich jedoch gegen die Anordnung zur Wehr und schaltete das Vormundschaftsgericht ein. Das Gericht verbot die Einstellung der künstlichen Ernährung. Die Frau verstarb im Dezember 1993. Sohn und Arzt wurden wegen Totschlags verurteilt.

Der Bundesgerichtshof (BGH) hob jedoch dieses Urteil auf, weil das Vormundschaftsgericht das Selbstbestimmungsrecht der Frau (mutmaßlicher Wille) stärker hätte gewichten müssen. Dieser Wille könne bei unheilbar erkrankten Patienten auch dann zum Abbruch der Behandlung führen, wenn der Sterbevorgang noch nicht unmittelbar eingesetzt habe. Die Richter beim BGH formulierten aber ebenso klar: „Im Zweifel hat der Schutz menschlichen Lebens Vorrang vor persönlichen Überlegungen des Arztes, eines Angehörigen oder einer anderen beteiligten Person." Die Angeklagten wurden freigesprochen.

Das Urteil des BGHs schlug hohe Wellen. In der Urteilsbegründung wurde die Besonderheit des „Kemptener Falles" mehrmals hervorgehoben. Es wurde von „besonderen Umständen", von einem „Grenzfall" und von einer „Ausnahme" gesprochen. Klar ist, dass damit das so genannte „Selbstbestimmungsrecht des Patienten" gestärkt werden sollte. Eine Legalisierung der aktiven Sterbehilfe war das „Kemptener Urteil" jedoch nicht.

Es gab weitere Gerichtsentscheidungen („Frankfurter Fall" 1998, „Fall Traunstein" 2003), die ähnlich gelagert waren wie der „Kemptener Fall". In allen Verfahren wurde der Wille des Patienten als maßgebliche Instanz gestärkt.

Die derzeitigen (2008) gesetzlichen Regelungen in Deutschland sind nicht ganz widerspruchsfrei, was von vielen kritisiert wird. Aktive Sterbehilfe ist zwar eindeutig verboten, aber die Beihilfe zum Suizid ist nicht strafbar. Wer jemandem bei seinem selbst gewählten Entschluss hilft, dem Leben durch eigene Hand ein Ende zu setzen, wird strafrechtlich nicht verfolgt. Strafbar sind nur die direkte Tötung eines Menschen und der Versuch.

Konsequente Gegner der aktiven Sterbehilfe kritisieren diese Regelung seit langem und fordern, dass auch Beihilfe zum Selbstmord strafbar sein müsse. Aber auch Befürworter der Sterbehilfe halten die derzeitige Gesetzeslage für widersprüchlich, da der Begleiter des Suizids sich doch strafbar

macht, denn er kann wegen „unterlassener Hilfestellung"
(StGB § 323c) angeklagt werden. Die Situation ist daher
höchst paradox: Der Begleiter kann den Sterbewilligen zum
Suizid hin beraten und ihm auch die Medikamente besorgen.
Das bleibt straffrei. Beim Suizid muss er dann aber das Zim-
mer verlassen, um sich nicht wegen unterlassener Hilfeleistung strafbar zu machen. Diese Spannung bezeichnen viele als
„sinnwidrig".

Hinzu kommen praktische Probleme im Detail. Die Grenzen zwischen „Hilfe *zum* Sterben" und „Hilfe *beim* Sterben"
sind mittlerweile fließend. Unterlassene medizinische Hilfestellung kann auch als aktive Beihilfe zum Sterben missbraucht werden. Selbst das therapeutische Inkaufnehmen von
sterbebeschleunigenden Nebenwirkungen von Medikamenten, die „indirekte Sterbehilfe", ist zwar straflos, führt aber
mitunter zum „Ausfransen" (Schmidt-Jortzig) des Tötungsverbotes, da eine solche „Methode" als aktive Sterbehilfe
missbraucht werden kann.

Befürworter der aktiven Sterbehilfe benutzen mittlerweile
noch ein anderes Argument. Für Ausnahmesituationen kennt
das Strafrecht den „übergesetzlich entschuldigenden Not-
stand" (StGB § 34). Er lässt Tötungshandlungen zwar eindeutig rechtswidrig sein, verzichtet aber angesichts einer
extremen Notlage auf die Strafverfolgung, um dem Gerechtig-
keitsempfinden nicht zu widersprechen. Als Beispiel wird
häufig angeführt, dass ein eingeklemmter Fahrer in einem
brennenden Auto auch getötet werden dürfe, um extreme
Qualen zu vermeiden. Diese Argumentationsmuster machen
sich mittlerweile Befürworter des assistierten Suizids zu eigen.
Eine solche Ausnahmeregelung ist aber niemals als Rechtfertigung des aktiven Tötens zu verstehen, so sagen Experten. Es
geht hier um Ausnahmen, die nicht verallgemeinert werden
und keinesfalls in geltendes Recht einfließen dürfen.

Der Bundesgerichtshof hat im März 2003 erneut in einer Entscheidung zum Betreuungsrecht festgelegt, dass lebensverlängernde Maßnahmen an einwilligungsunfähigen Patienten eingestellt werden müssen, wenn eine entsprechende Patientenverfügung vorliegt und das Grundleiden einen irreversiblen tödlichen Verlauf angenommen hat. Die Richter stärkten damit wie schon im „Kemptener Fall" das Selbstbestimmungsrecht des Patienten. Klar blieb aber auch 2003, dass eine solche Berücksichtigung des Willens nur im Falle einer schweren Krankheit mit irreversiblem tödlichem Verlauf möglich sei. Sollte ein erklärter Wille nicht vorliegen, könne nach dem mutmaßlichen Willen des Patienten geforscht werden. Betreuer sollten dem Patientenwillen Geltung verschaffen. Eine Verweigerung einer lebenserhaltenden Maßnahme bedürfe jedoch einer Zustimmung des Vormundschaftsgerichts, um Missbrauch und heimliche Fälle von aktiver Sterbehilfe auszuschließen.

Hintergrund war die Forderung des Betreuers, die künstliche Ernährung des Patienten durch eine PEG-Sonde einzustellen, da keine Besserung in Aussicht war. Der Patient litt an einem apallischen Syndrom (Wachkoma) als Folge eines Gehirnschadens. Der Betreuer konnte auf eine Patientenverfügung verweisen, die eine Einstellung der Behandlung bei Dauerschäden des Gehirns vorsah. Es lag daher eine vergleichbare Situation wie beim Fall Terri Schiavo in den USA vor. Es gab aber einen wichtigen Unterschied: Der Bundesgerichtshof bestätigte in seiner Entscheidung ausdrücklich ältere Urteile, dass die Einstellung der Behandlung nur dann legitim sei, wenn der Tod voraussichtlich „in kurzer Zeit" eintreten werde. Die Juristen sprachen hier von „unmittelbarer Todesnähe". Nur dann sei der Abbruch lebensverlängernder Maßnahmen erlaubt. Umgekehrt sei die Einstellung lebensverlängernder Maßnahmen verboten, wenn nicht von einer unmittelbaren Todesnähe gesprochen werden könnte. Verwirrung stiftete das Urteil nur deshalb, weil Wachkomapatienten, um die es konkret ging, keineswegs unter die Kriterien „irreversibler tödlicher Verlauf" und „unmittelbare Todesnähe" fallen.

Drehte sich die juristische Diskussion bis dahin um die Frage nach dem Selbstbestimmungsrecht des Patienten, ging man einige Jahre später einen Schritt weiter. 2006 beschäftigte sich der 66. Juristentag in Stuttgart ausführlich mit der Sterbehilfe. Zwar lehnte man eine Übernahme der niederländischen Regelungen (Tötung auf Verlangen) ab, forderte aber „Straflosigkeit" bei unterlassener Hilfeleistung (z. B. eines Arztes) im Falle eines „freiverantwortlichen" Suizids, eine Position, die von der Bundesärztekammer vehement zurückgewiesen wurde. Zur Stellung des Arztes formulierte der Juristentag: „Die ausnahmslose standesrechtliche Missbilligung des ärztlich assistierten Suizids sollte einer differenzierteren Beurteilung weichen, welche die Mitwirkung des Arztes an dem Suizid eines Patienten mit unerträglichem, unheilbarem und mit palliativmedizinischen Mitteln nicht ausreichend zu linderndem Leiden als eine nicht nur strafrechtlich zulässige, sondern auch ethisch vertretbare Form der Sterbebegleitung toleriert." Dieser Formulierung wurde mit Mehrheit zugestimmt. Sie ist eindeutig als Legalisierung des ärztlich assistierten Suizids zu verstehen.

Es gibt aber auch unter Juristen eine gegenteilige Entwicklung, die die Gefahren einer Legalisierung jeder Form von aktiver Sterbehilfe thematisiert. 2006 legte die oben genannte (erweiterte) Gruppe von Strafrechtlern („Alternativ-Professoren"), die 20 Jahre vorher ihren „Alternativentwurf zur Sterbehilfe" vorgelegt hatte, einen überarbeiteten Text vor. Dieser „Alternativ-Entwurf Sterbebegleitung" bestätigte die damaligen Leitsätze, ging aber darüber hinaus. Vor allem wurde nun jeder Ansatz zur Durchbrechung des Fremdtötungsverbotes kategorisch abgelehnt. Zwar meinte man auch hier, dass der

ärztlich assistierte Suizid bei tödlich Kranken nicht zu miss-
billigen sei, deutlicher als früher wurde jedoch „Tötung auf
Verlangen" kategorisch verworfen.

Diese Übersicht zur juristischen Situation zeigt, wie notwendig eine sachliche Diskussion ist. Auch unter Juristen
reicht die Spannbreite der Meinungen von einem Ja zur aktiven Sterbehilfe bis hin zu einer kategorischen Ablehnung. Die
derzeitige Rechtslage steht unter einem gewissen Rechtferti-
gungszwang. Die Forderung nach „Entkriminalisierung des
ärztlich assistierten Suizids" gewinnt immer mehr Anhänger.
Die nächsten Jahre werden zeigen, ob solche Forderungen
auch auf die Gesetzgebung Einfluss nehmen werden.

Was sagen die Ethiker?

In Deutschland hat sich der „Nationale Ethikrat", eine Exper-
tenkommission der Bundesregierung, die sich aus Fachvertre-
tern unterschiedlicher Wissenschaftsgebiete zusammensetzt,
mehrfach mit dem Thema Sterbehilfe beschäftigt. Die Ergebnisse flossen in eine „Stellungnahme" ein, die 2006 unter dem
Titel „Selbstbestimmung und Fürsorge am Lebensende" veröffentlicht wurde.

Darin werden die unterschiedlichen Positionen der Mitglieder des Ethikrates deutlich. Schon beim Thema „Suizid" gab
es zwei Positionen: Die einen lehnten grundsätzlich jeden Suizid ab, da er ein Widerspruch zum Leben und „ein Gegensatz
zu allen, die zu seinem Dasein beigetragen haben" sei. Nur in
extremen Fällen unheilbaren Leidens könne man niemanden
verurteilen. Andere Mitglieder des Rates zeigten nicht nur
Verständnis für einen Suizid, sondern fanden eine solche Entscheidung auch ethisch zulässig. Unter dem Aspekt der

Selbstbestimmung des Lebens müsse man auch solche Entscheidungen respektieren.

Die gleiche Spannung zeigte sich auch in der Frage nach „ärztlich assistiertem Suizid". Einige Ethiker meinten, ein Arzt müsse bei einem Suizidversuch immer Hilfe leisten, solange es sich nicht um Sterbende handelt. Andere meinten, der Arzt habe keine Pflicht, einen ernstlich gewollten Suizid zu vermeiden. Auch hier sei die Selbstbestimmung des Suizidenten zu respektieren.

Diese Diskrepanz in der ethischen Beurteilung zeigte sich auch in der Einschätzung der „Beihilfe zum Suizid", also in der Frage nach der ethischen Relevanz des „Schweizer Modells" der Sterbehilfe. Auch hier gab es Vertreter im Ethikrat, die nichts gegen ärztlich assistierten Suizid einzuwenden hatten. Die Mehrheit der Ratsmitglieder sprach sich allerdings gegen eine organisierte Vermittlung von Suizidbeihilfe aus, wie sie in der Schweiz üblich ist. Bei den Fragen nach der klassischen aktiven Sterbehilfe im Sinne der „Tötung auf Verlangen" wurde wieder kein Konsens gefunden. Viele Vertreter lehnten „Tötung auf Verlangen" ab. Andere verwiesen darauf, dass es in Einzelfällen gerade dem Wohl des Patienten entsprechen könnte, wenn er „unter ärztlicher Begleitung auf sein Verlangen hin getötet werde und damit sterben dürfe". Es gäbe auch keinen entscheidenden Unterschied zwischen der Beschaffung eines tödlichen Medikaments und der Einflößung dieses Medikaments. Einig waren sich alle Mitglieder des „Nationalen Ethikrates" nur darin, dass an der derzeitigen Gesetzeslage nichts verändert werden sollte.

Ein Minderheitenvotum des Rates (Anton Losinger, Peter Radtke, Eberhard Schockenhoff) sprach sich eindeutiger gegen jede Form aktiver Sterbehilfe aus. Die „absichtliche Herbeiführung des Todes" sei mit der Hochschätzung des Lebens unvereinbar, so die Verfasser. Die Duldung der „Tötung auf

Verlangen" würde vielmehr den Druck auf die Schwerkranken und Sterbenden erhöhen. Angst und Selbstzweifel, anderen zur Last zu fallen, würden dadurch verstärkt. Außerdem sei es mit dem ärztlichen Ethos unvereinbar, tödliche Medikamente bereitzustellen oder sogar direkt an derartigen Handlungen beteiligt zu sein.

Insgesamt kann man sagen, dass die Mehrheit der Ethiker in Deutschland der Legalisierung aktiver Sterbehilfe distanziert bis ablehnend gegenübersteht. Dass es international aber auch andere Stimmen gibt, sei an einem Extrembeispiel deutlich gemacht, an den Thesen des Ethikers Peter Singer.

Seine Ansprachen und Schriften haben in den vergangenen 20 Jahren für viel Aufregung gesorgt. Singer vertritt eine besondere Form von „Nützlichkeitsethik", die nach dem „Wert" unterschiedlicher Lebenssituationen fragt. Für ihn ist das zentrale Kriterium, dass vollwertige Menschen „Personen" sind, die autonom denken und handeln können. Vernunftbegabte und selbstbewusste Menschen können selbstständig Entscheidungen treffen. Nur solche Personen sind für ihn vollwertige Menschen. Ein menschlicher Fötus ist für Singer dagegen keine Person. Er steht vielmehr auf der gleichen Stufe wie nichtmenschliche Lebewesen im gleichen Entwicklungsstadium. Solange nicht Bewusstsein, Rationalität und Empfindungsfähigkeit vorliegen, könne man nicht von einer Person sprechen. Originalzitat Singer: „Da kein Fötus eine Person ist, hat kein Fötus denselben Anspruch auf Leben wie eine Person."

Dieses Prinzip wendet Singer konsequenterweise auch auf kranke Menschen an und ist damit einer der bekanntesten Verfechter aktiver Sterbehilfe. Nur ein Wesen, das fähig sei, den Unterschied zwischen Sterben und Weiterleben zu erfassen, könne sich autonom dafür entscheiden zu leben. Wenn aber jemand sich dafür nicht entscheiden kann, verstößt die Tötung dieser Person auch nicht gegen ihre Autonomie. Für Singer gibt es „elendes" und „ruiniertes Leben", so bei schwerstbehinderten Neugeborenen. Die rechtliche Zulassung der Tötung solcher Menschen müsse möglich sein, wenn die Eltern dem zustimmen. Da Säuglinge nicht über die Eigenschaften Rationalität, Autonomie und Selbstbewusstsein verfügen, kann ihre Tötung nicht gleichgesetzt werden mit der Tötung „normaler" menschlicher Wesen, so Singer. Gleiches gilt auch für schwerstkranke alte Menschen.

Dass es aber auch gemäßigte Befürworter der aktiven Sterbehilfe gibt, soll am Beispiel von Hans Küng gezeigt werden. Auch er, der bekannte christliche Ethiker, plädiert für die Freigabe aktiver Sterbehilfe, obwohl er sich deutlich gegen Singer abgrenzt. Unerträgliches Leid ist für Küng „definitiv zerstörtes Leben", was man als autonomer Mensch sehr wohl guten Gewissens beenden dürfe. Es gäbe zwar ein „Recht zum Weiterleben", aber keine „Pflicht zum Weiterleben". Küng forderte mehrfach eine Überwindung der restriktiven deutschen Gesetze, um Menschen beim „würdigen Sterben" zu helfen. Außerdem stellte er pauschal in Frage, dass jeder Arzt stets im Interesse des Todkranken handelt und ihm in humaner Weise beim Sterben hilft. Außerdem würden auch in Deutschland jeden Tag viele Ärzte „Hilfe zum Sterben" praktizieren, trauten sich aber nicht, darüber zu reden. Letztlich liege die Verantwortung beim einzelnen Menschen, so Küng. Sein Wille müsse unbedingt respektiert werden.

In ähnliche Richtung gehen die Forderungen eines der bekanntesten Philosophen und Ethikers in Deutschland, Dieter Birnbacher. Er plädiert für eine vorsichtige Legalisierung, eine Art „Probe aufs Exempel", die widerrufbar sein sollte, falls sich tatsächlich Folgen einstellen, die man nicht gewollt habe. Sicherheitsvorkehrungen dürften nicht missachtet und „Tötung aus Mitleid" müsse vermieden werden. Insbesondere sollte für Extremfälle das Gesetz gelockert werden, zum Beispiel, wenn den Patienten durch Palliativmedizin nicht mehr geholfen werden könne. Dann sei Tötung auf Verlangen nicht nur entschuldbar, sondern sogar gerechtfertigt. Birnbacher schloss sich dabei den Argumenten einer der bekanntesten Sterbehilfeorganisationen in Deutschland an, der „Deutschen Gesellschaft für Humanes Sterben".

Sterbehilfeorganisationen im deutschsprachigen Raum

Organisationen, die sich bewusst der aktiven Sterbehilfe verschrieben haben, gibt es seit 1931. Damals gründete Killick Millard die „Voluntary Euthanasia Society" in England. Hier folgt ein Überblick über ähnliche Organisationen im deutschsprachigen Raum:

Deutsche Gesellschaft für Humanes Sterben

Die in Deutschland bekannteste Organisation ist die 1980 gegründete „Deutsche Gesellschaft für Humanes Sterben" mit dem Sitz in Augsburg. Der Verein gibt eine eigene Zeitschrift unter dem Titel „Humanes Leben – Humanes Sterben" heraus und führt auch eine „Akademie für Sterbebegleitung". Ende 1992 waren 60.000 Mitglieder bei der Gesellschaft verzeichnet. Durch einen Skandal in den frühen 90er-Jahren (der Geschäftsführer Hans Henning Atrott hatte auf eigene Rechnung Zyankali verkauft) verlor die Gesellschaft an Glaubwürdigkeit. Derzeit liegt die Mitgliederzahl bei 35.000. Die Mitgliedschaft bekannter Persönlichkeiten wie Inge Meysel,

Peter Glotz, Barbara Rütting und Ute Ranke-Heinemann verstärkte die Popularität des Vereins. Die Gesellschaft beruft sich auf die positiven Voten zur aktiven Sterbehilfe von Hans Küng und Walter Jens.

Die Organisation setzt sich besonders für das Selbstbestimmungsrecht von Kranken, Behinderten und Sterbenden ein. Jede Form der Fremdbestimmung („dogmatische Bevormundung") wird dabei kategorisch abgelehnt. Das „Recht auf Leben" beinhalte keine „Pflicht zu leben". Deshalb sieht man aktive Sterbehilfe als „ultima ratio" für Patienten mit unheilbarem und unerträglichem Leid. Die Gesellschaft vertreibt „Patientenschutzbriefe", setzt sich für eine bessere Schmerzbekämpfung ein, kämpft gegen die Verlängerung des Sterbens durch Intensivmedizin und plädiert für menschliche Zustände in Krankenhäusern und Pflegeeinrichtungen. Offensichtlich ist, dass die Gesellschaft versucht, aus der „Schmuddelecke" der reinen „Euthanasieorganisationen" herauszukommen.

In den Broschüren der Gesellschaft wird allerdings nicht immer mit lauteren Mitteln gearbeitet. Offensiv wird dem Leser suggeriert, sein Selbstbestimmungsrecht sei heute in Gefahr. Überall gäbe es medizinische Versuche an Sterbenden. Andere würden heute über Leben und Sterben entscheiden, nicht wir selbst. Wie sichert man seine Rechte im Leben und Sterben? Indem man Mitglied in der Gesellschaft wird. Originalzitat: „SICHERN SIE SICH IHRE RECHTE rechtzeitig – bevor Sie von unvorhergesehenen Krankheiten oder Unfällen heimgesucht werden! Wir helfen Ihnen dabei!" Oder an anderer Stelle: „Werden Sie rechtzeitig Mitglied – bevor Fremde über Sie bestimmen."

Wie provozierend mitunter gearbeitet wird, zeigt auch die zweite Nummer der Zeitschrift „Humanes Leben – Humanes Sterben" aus dem Jahr 2007. Unter dem Bild des am Kreuz hängenden, leidenden Christus wird gefragt: „Wäre er heute DGHS-Mitglied?"

Die Ziele der Gesellschaft gehen über die Rechte der Sterbenden hinaus. In den Forderungen der Gesellschaft heißt es: „Jeder Bürger hat das Recht auf eine Sterbensverkürzung aus humanitären Gründen. Dieses Recht schließt auch die Verfügung über das eigene Leben und Sterben ein. Der Bürger kann die Hilfe Dritter, insbesondere eines Arztes in Anspruch nehmen." Pflichtbewusst fügt man noch hinzu: „Maßgeblich ist die Gesetzeslage." Dass man jedoch die Gesetzeslage im Sinne einer Ausweitung hin zur aktiven Sterbehilfe oder des assistierten Suizids ändern möchte, ist offensichtlich.

Der Geschäftsführer der Gesellschaft, Kurt Schobert, wies mehrfach darauf hin, dass der Staat gegen die Menschenrechte verstößt, wenn er Tausende gegen ihren Willen leiden lässt. Außerdem sei es inkonsequent, dass man die Tötung werdenden Lebens duldet, die Tötung leidender Menschen jedoch unter Strafe stellt. Bei diesem Argument wird man den Befürwortern der aktiven Sterbehilfe (leider) Recht geben müssen!

Exit

Die größte Sterbehilfeorganisation der Schweiz heißt „Exit". Sie wurde 1982 gegründet und zählt 50.000 Mitglieder. Sie unterteilt sich in einen deutschsprachigen Verein in Zürich und einen romanischsprachigen Verein mit Sitz in Genf, die rechtlich selbständig sind. Den Vereinen geht es um das Selbstbestimmungsrecht des Menschen, auch im Sterben. Jede Form von Fremdbestimmung wird abgelehnt, ebenso religiöse Argumente, die das Leben als eine Leihgabe Gottes und daher für den Menschen als unverfügbar verstehen.

Bei der „Freitod-Begleitung" müssen Mitglieder in einem persönlichen Gespräch ihre Situation einem Fachgremium erläutern. Steht dem Wunsch nichts entgegen, wird die Rezeptierung des von „Exit" verwendeten Barbiturats (Natrium-Pentobarbital/NaP) veranlasst. Ein Mitglied des Teams überbringt am gewünschten Tag das Medikament. Das Trinken des in Wasser aufgelösten Barbiturats ist dem Patienten überlassen.

„Exit" begleitet in der Regel nur Schweizer in den Suizid, keine Ausländer. Doch es gibt Ausnahmen. In den Medien bekannt wurde der „Fall" des Deutschen Herbert Breda, der sich 1998 mit Hilfe von „Exit" das Leben nahm. Seine Frau berichtete im Dezember 2007 in der Fernsehsendung „Menschen bei Maischberger" über die letzten Wochen seines Lebens. Dabei wurde deutlich, dass Breda gar nicht in einer ausweglosen Situation war und keinesfalls als todkrank gelten konnte. Trotzdem wurde seinem Wunsch stattgegeben.

Der Verein war vorher schon immer wieder in die Schlagzeilen geraten. Der Vorwurf lautete, man würde auch depressive Menschen beim Suizid begleiten. 1999 besorgte z. B. der „Exit-Arzt" Meinrad Schär einer körperlich vollkommen gesunden aber depressiven Frau das Todesmedikament. Erst das beherzte Eingreifen eines anderen Arztes konnte den Suizid verhindern. Exit selbst gestand in diesem Zusammenhang einen weiteren „Fall" ein, bei dem ein 77-jähriger Depressiver aus Bern, der allerdings auch an körperlichen Beeinträchtigungen litt, bis zum Suizid begleitet wurde. Meinrad Schär soll auch wiederholt Rezepte für tödliche Medikamente ausgestellt haben, ohne die Patienten gesehen zu haben.

„Exit" wurde jahrlang durch den Schweizer Pfarrer Rolf Sigg dominiert, der sich aber später vom Verein trennte. Nach eigenen Angaben soll er 300 Personen in den Tod begleitet haben. In seinem Buch „Warum Menschen freiwillig aus dem

Leben gehen" räumte er ein, auch mehrfach Depressive begleitet zu haben. 1997 gründete Sigg zusammen mit Julius Hackethal den Verein „Ex-International", mit dem Ziel, den in der Schweiz legalen ärztlich assistierten Suizid auch in Deutschland möglich zu machen. 1998 wurde er in Berlin verhaftet, weil er einer 60 Jahre alten Frau ein tödliches Medikament für den Suizid bereitgestellt hatte.

Dignitas

Im selben Jahr kam es in der Schweiz zur Gründung des Vereins „Dignitas", unter der Leitung des Juristen Ludwig A. Minelli. Er hatte sich vorher von „Exit" getrennt. Minelli und sein Team sollen seither fast 500 Menschen beim Suizid begleitet haben, davon die Hälfte aus Deutschland, andere aus Frankreich, Spanien, Österreich, Italien und anderen Ländern. 2006 begleitete man allein 136 Menschen in den Tod.

Der ärztlich assistierte Suizid von Ausländern wird dabei in der Regel in angemieteten Hotelzimmern und Wohnungen durchgeführt. Die Patienten müssen vorher Mitglied im Verein „Dignitas" werden. Für die eigentliche Sterbehilfe wird ein Betrag von etwa 4.000 Euro verlangt. In der Regel werden dem Sterbewilligen 15 Gramm Natrium-Pentobarbital zur Verfügung gestellt. Nach Aussagen von „Dignitas" ist die Einnahme „absolut schmerz- und risikolos". Nicht immer wird die Beihilfe zum Suizid wirklich in Anspruch genommen. „Dignitas" berichtet selbst von einigen Fällen, bei denen Menschen ihren Sterbewunsch kurz vor dem Ausstellen des Rezeptes noch einmal überdacht und zurückgenommen haben. „Dignitas" beruft sich in ihren Werbebroschüren auf den Ethiker Hans Küng.

In der Begründung der Beihilfe zum Suizid hat Ludwig Minelli des Öfteren auf die hohe Zahl von Suizidversuchen Bezug genommen. Genau das würde Sterbehilfeorganisationen wie „Dignitas" rechtfertigen. Da es jedes Jahr viele Tausend Suizidversuche gäbe, die nicht gelingen, steigen die Kosten für die Folgebehandlungen für gescheiterte Suizidversuche. Er schätze die Folgekosten allein in Deutschland auf mehrere Milliarden Euro. Im Umkehrschluss behauptet er, die Ermöglichung von Suizid sei die beste Möglichkeit, um „Selbstmord" zu vermeiden, da sich dann die Suizidwilligen entspannter mit ihrer Situation beschäftigen könnten, ohne Ausgrenzung befürchten zu müssen. Immer dann, wenn man den Suizid freigibt und schmerzfrei möglich macht, würde sich bewahrheiten, dass die Menschen ihn gar nicht in Anspruch nehmen. Diese Argumentation Minellis führt zu dem paradoxen Schluss: Sterbehilfeorganisationen sind der beste Schutz vor Suizid!

2007 kam der Verein in die Schlagzeilen, da die Sterbehilfe auch in Autos auf Parkplätzen durchgeführt wurde. Schon vorher hatten sich einige Gemeinden der Stadt Zürich geweigert, Sterbebegleitung von „Dignitas" in Wohn- und Industriegebieten zuzulassen. Das Verwaltungsgericht des Kantons Aargau bezweifelte in einem Gutachten im Januar 2005 die Seriosität der Organisation. Durch den Ausstieg der Mitarbeiterin Soraya Wernli aus der Organisation „Dignitas" kamen Machenschaften ans Licht, die einen Missbrauch der Schweizer Gesetze belegen sollen. Ihr Hauptvorwurf bestand darin, dass „Dignitas" auch Patienten in den Tod begleitet, die psychisch krank oder überhaupt nicht todkrank waren. Diesen Personen hätte auf jeden Fall noch medizinisch geholfen werden können. Der Leiter von „Dignitas", Minelli, bestritt jedoch diese Angaben. Dabei hatte schon das Verwaltungsgericht des Kantons Aargau gegen einen Arzt von Dignitas festgestellt, dass schwere Verstöße gegen die Sorgfaltspflicht vorlägen, da auch psychisch Kranken die todbringende Substanz verschrieben worden wäre. Außerdem wurde Dignitas vorgeworfen, dass zwischen Ankunft und Tod der Patienten oft nur wenige Stunden gelegen hätten.

Seit September 2005 führt der Verein unter der Bezeichnung „Dignitate" auch ein Büro in Hannover und sucht seither „Freiwillige", die den assistierten Suizid in der Bundesrepublik vollziehen wollen. Damit soll ein Präzedenzfall geschaffen werden, um die Legalisierung der aktiven Sterbehilfe in Deutschland gerichtlich klären zu lassen. Einen assistierenden Arzt, der allerdings schon im Ruhestand ist, hat man nach eigenen Angaben schon gefunden. Förderer der deutschen Sektion ist der Berliner Arzt Uwe Christian Arnold.

Neben den genannten Organisationen gibt es weitere Initiativen und Gruppen, die sich für aktive Sterbehilfe in Deutschland einsetzen. International sind die meisten Vereine Mitglied in der „World Federation of Right To Die Societies", viele europäische Gruppen in der Bewegung „Right To Die Europe". Eine Sonderstellung nimmt der „Humanistische Verband Deutschlands" ein, der Tötung auf Verlangen ablehnt, in Ausnahmefällen jedoch Maßnahmen zur Leidminderung mit todesbeschleunigenden Nebenwirkungen ausdrücklich straffrei machen möchte.

3. AKTIVE STERBEHILFE: WAS SPRICHT DAGEGEN?

Im Folgenden wollen wir sieben Einwände nennen, die nach unserer Ansicht gegen aktive Sterbehilfe sprechen.

Alles eine Frage der Perspektive: Das Problem der öffentlichen Darstellung

Für gewöhnlich finden sich in öffentlichen Debatten um aktive Sterbehilfe drei Ansichten. Die erste Position votiert für aktive Sterbehilfe. Die Gründe dafür liegen oftmals in einer persönlichen Betroffenheit, manchmal in humanitären Motiven. Die zweite Ansicht lehnt aktive Sterbehilfe ab. Hier spielen entweder ebenfalls Motive persönlicher Betroffenheit eine Rolle, oder aber ethische und religiöse Beweggründe. Die dritte Partei ist unentschieden und versucht, zwischen den beiden anderen Ansichten zu vermitteln und für die Argumente beider Seiten Verständnis aufzubringen. Die Diskussion wogt dabei hin und her. Früher oder später wird ein Satz mit Sicherheit fallen. Er lautet: „Aber die Mehrheit der Deutschen ist doch für aktive Sterbehilfe." Vielleicht folgt dann noch der Zusatz: „Das ist durch Umfragen eindeutig belegt."

Ist die Mehrheit der deutschen Bevölkerung wirklich für aktive Sterbehilfe? Wie und durch welche Umfragen ist das eindeutig belegt, wie gerne behauptet wird? Und wie kam es zu so eindeutigen Umfrageergebnissen? Wer führte die jeweilige Umfrage durch und mit welcher Motivation geschah das? Sind Ergebnisse unter bestimmten Umständen vorhersehbar?

Ganz gleich, welches Meinungsforschungsinstitut mit der Durchführung der jeweiligen Umfrage beauftragt wird – hinter jeder Umfrage steht ein Auftraggeber. Dieser Auftraggeber verfolgt mit der beabsichtigten Umfrage ein bestimmtes Ziel. Repräsentative Umfragen sind außerdem teuer, bewegen sich je nach Umfang in der Regel im fünfstelligen Eurobereich. Es darf also demnach nicht verwundern, wenn die Umfragen je nach Auftraggeber unter Umständen passgenau auf ein bestimmtes Ergebnis zugeschnitten sind.

Natürlich kann man solche Umfragen am einfachsten und zugleich wirkungsvollsten durch eine wesentliche Sache in die gewünschte Richtung lenken: durch die gezielte Auswahl der gestellten Fragen und deren Auswertung und Interpretation. Zwischen den verwendeten Fragen zu ein und derselben Thematik können Welten liegen, je nach Auswertung derselben auch zwischen den verschiedenen Ergebnissen. Deshalb kommt es auf die Perspektive an, aus der gefragt und interpretiert wird.

In Umfragen, die von Sterbehilfeorganisationen in Auftrag gegeben wurden, findet sich z.B. der Satz: „Sind Sie dafür, dass aktive Sterbehilfe gesetzlich geregelt wird?" Die allermeisten Befragten beantworten den Satz mit „Ja". Natürlich ist man für eine grundsätzliche gesetzliche Regelung der aktiven Sterbehilfe. Das trifft aber in der Regel auch für Gegner der aktiven Sterbehilfe zu. Nun gibt es verschiedene Möglichkeiten, dieses Ergebnis zu interpretieren. Die Frage als solche betrifft eigentlich nur die gesetzliche Regelung. Allerdings ist auch eine freiere Art der Interpretation möglich. Meint der Fragesteller vielleicht, durch eine gesetzliche Regelung solle die aktive Sterbehilfe zugelassen werden? Dann kann im Ergebnis aus einem „Ja" zu einer grundsätzlichen gesetzlichen Regelung ein „Ja" zur aktiven Sterbehilfe werden. Das Problem wird deutlich: Wie kann man als Befragter wissen, wie die Antworten interpretiert und verwertet werden? Wie kann man vermeiden, auf einmal als Befürworter der aktiven Sterbehilfe dazustehen, der man vielleicht gar nicht ist?

Wie real solche Missdeutungen sind, zeigt ein aktuelles Beispiel. Im Jahr 2002 begrüßten Befürworter der aktiven Sterbehilfe eine Umfrage des bekannten Meinungsforschungsinstituts Forsa. Laut dieser Umfrage waren 74% der Deutschen dafür, bei Schwerkranken und Sterbenden „weitergehende Möglichkeiten der Sterbehilfe" jenseits der bislang üblichen Behandlung in Form von Schmerzlinderung und Sterbebegleitung zu schaffen. Diese Antwort muss aber nicht im Sinne von aktiver Sterbehilfe interpretiert werden. Aus den 74% automatisch Befürworter der aktiven Sterbehilfe zu machen, ist unzulässig, denn es wurde weder „Tötung auf Verlangen" noch die Möglichkeit eines „ärztlich assistierten Suizids" in die Fragestellung einbezogen.

Die zuvor bereits als Beispiel angeführte Frage nach der gesetzlichen Regelung von aktiver Sterbehilfe kam ebenfalls in dieser Umfrage vor. 82% der Befragten befürworten demnach eine klare gesetzliche Regelung zur aktiven Sterbehilfe. Dies jedoch mit einer Befürwortung der aktiven Sterbehilfe im Allgemeinen gleichzusetzen, ist wie gesagt fahrlässig.

Eine weitere interessante Frage bezog sich auf die Sterbehilfepraxis in unseren Nachbarländern Niederlande (aktive Sterbehilfe) und Schweiz (ärztlich assistierter Suizid). Es wurde konkret gefragt, welches Modell eher in Deutschland legalisiert werden sollte. Die Antworten waren hier recht ausgewogen. 43% der Befragten sprachen sich für das niederländische Modell aus, 47% hätten die Schweizer Lösung bevorzugt. Somit bleibt für das Jahr 2002 eine tatsächliche Zustimmung pro aktive Sterbehilfe von weniger als 50% festzuhalten!

Eine grundsätzliche Verunsicherung der Bevölkerung im Bezug auf das Thema Tod und Sterben stellte eine andere Befragung fest. So zeigte das Resultat einer Forsa-Umfrage zum Thema Patientenverfügung aus dem Jahr 2007, dass etwa drei Viertel der Befragten der Meinung waren, eine „Patientenverfügung" sollte nicht erst ab dem eigentlichen Sterbeprozess gelten, sondern schon viel früher. Sobald der Patient nicht mehr in der Lage sei, sich zu äußern und Behandlungswünsche kund zu tun, sollte die Verfügung verbindlich werden. Konsequent weitergedacht hieße das: Ein unter Umständen körperlich noch fitter Mensch würde nicht oder nicht ausreichend behandelt, weil er beispielsweise dement ist und für diesen Fall seine Patientenverfügung in Kraft tritt. Dadurch wird deutlich, wie viel Aufklärung in Fragen des Sterbens noch geleistet werden muss und wie stark die Ergebnisse von Meinungsumfragen vom Kenntnisstand der Befragten abhängig sind. Interessant ist auch, dass in derselben Umfrage nur noch 68% der Befragten für eine gesetzliche Regelung der Sterbehilfe plädierten, im Gegensatz zu 82% im Jahr 2002.

Ein Blick ins Ausland bestätigt, dass die Lage dort ähnlich ist. In Großbritannien, wo ebenfalls seit einiger Zeit über die Legalisierung aktiver Sterbehilfe debattiert wird, zeigt sich bereits eine hohe Sensibilisierung innerhalb der Bevölkerung. In einer Umfrage im Jahr 2006 äußerten 75% der Befragten Bedenken, eine Freigabe würde viele körperlich und psychisch Kranke unter Druck setzen, aktive Sterbehilfe für sich in Anspruch zu nehmen. 82% befürchteten sogar, dass im Fall einer Übernahme des niederländischen Modells die Gefahr bestünde, dass Menschen ohne ihr ausdrückliches Einverständnis getötet würden.

Zurück nach Deutschland. Im Jahr 2005 veröffentlichte das Meinungsforschungsinstitut Emnid eine Untersuchung, die mit überraschend anderen Zahlen aufwarten konnte als die Forsa-Umfrage von 2002. Nach den Erkenntnissen von Emnid vertraten 35% der Deutschen die Meinung, aktive Sterbehilfe sollte in Deutschland erlaubt sein. 56% der Befragten sprachen sich gegen aktive Sterbehilfe und alternativ dazu für Palliativmedizin und Hospize aus. 9% waren unentschieden.

Wie sind diese Unterschiede zu erklären? Wie schon erwähnt kommt es auf die Fragestellung, den Auftraggeber und die Interpretation der Antworten an. Im Fall der Emnid-Umfrage war der Auftraggeber die „Deutsche Hospizstiftung". Natürlich waren die Fragen auch hier in eine bestimmte Richtung gedacht, nämlich in Richtung Lebensschutz für Kranke und Sterbende. Im Fall der Forsa-Umfrage war der Auftraggeber die „Deutsche Gesellschaft für Humanes Sterben", die sich eher für aktive Sterbehilfe ausspricht.

Was die Fragestellung betrifft: Bei der erstgenannten Forsa-Umfrage wurde nach einem Pro oder Contra im Bezug auf die aktive Sterbehilfe gefragt. Im Falle der Emnid-Umfrage ging es dagegen nicht nur um ein reines Für und Wider, sondern es wurden auch Alternativen formuliert (Palliativmedizin). Bei der Forsa-Umfrage gab es solche Alternativen nicht.

Die „Deutsche Hospizstiftung" bemängelte diesen Tatbestand zu Recht. Wenn die Fragestellung nur ein „Ja" oder „Nein" zur aktiven Sterbehilfe zulässt, dann kommt als Antwort auch nur ein „Ja" oder „Nein" heraus. Von den Befragten zu erwarten, dass sie bei ihrer Antwort von selbst die verschiedenen Alternativen heranziehen und auf dieser Grundlage abwägen, wäre zu viel verlangt. Zumal – so die Deutsche Hospizstiftung – viele Deutsche über die alternativen Möglichkeiten zu aktiver Sterbehilfe überhaupt nicht ausreichend informiert sind. So sei die Bedeutung des Begriffs „Palliativmedizin" nur etwa 3% der Bevölkerung bekannt, den Begriff „Hospiz" könnten nur rund 20% richtig einordnen.

Dieser Tatsache Rechnung tragend, hat die „Deutsche Hospizstiftung" der von ihr über Emnid in Auftrag gegebenen Umfrage einen erklärenden Absatz vorangestellt, in dem die

Befragten mit diesen Begriffen vertraut gemacht wurden. Ebenso weist die „Deutsche Hospizstiftung" darauf hin, dass die Zahl der Befürworter von Palliativmedizin und Hospizen in den letzten Jahren deutlich zugenommen habe. Waren im Jahr 1997 erst 35% der Deutschen für diese Alternativen zur aktiven Sterbehilfe, so sprachen sich 2005 bereits die oben erwähnten 56% dafür aus. Auch diese statistischen Werte sprechen eine deutliche Sprache.

Bei allen Umfragen muss außerdem die Zielgruppe genau beachtet werden. Es ist einfach, aus der Situation eines gesunden, vitalen und lebensfrohen Menschen heraus ein klares „Ja" zu aktiver Sterbehilfe zu formulieren. Aber verändert sich die Einschätzung bei persönlicher Betroffenheit? Wie sieht es aus, wenn man selbst oder jemand, der einem am Herzen liegt, in eine Situation kommt, in der eine solch grundlegende Entscheidung unter Umständen nötig wird? Wie würden Schwerstkranke entscheiden? Diese Frage hängt von den jeweiligen Lebensumständen ab. Diese können in den allermeisten Fällen durch gute Aufklärung und entsprechende medizinische Versorgung positiv beeinflusst werden. So positiv, dass vielleicht bei manchem auch schwere und leidvolle Tage noch als erfülltes Leben empfunden werden können.

Damit wird deutlich: Der Blick auf das Thema Sterbehilfe wird nicht selten wesentlich mitbestimmt durch die allgemeine öffentliche Wahrnehmung, insbesondere durch aktuelle Einzelschicksale. Wie wird die Diskussion um die aktive Sterbehilfe in der Öffentlichkeit ausgetragen? Wie wird berichtet, wie dargestellt? Das oben angeführte Beispiel der beiden Meinungsumfragen und auch der Beschaffenheit der darin verwendeten Fragen zeigt die Widersprüche. Es zeigt aber auch, dass einer differenzierten Umfrage der Vorzug zu geben ist gegenüber einer reinen Für-und-Wider-Debatte.

Die unterschiedlichen Ergebnisse der oben angeführten

Meinungsumfragen machen deutlich: Die Zahl der Befürworter aktiver Sterbehilfe ist bei Weitem nicht so groß, wie in der öffentlichen Medienlandschaft dargestellt wird. Bei solchen Behauptungen gilt es darauf zu achten, wer solche Aussagen aus welchen Gründen tätigt und wie sie interpretiert werden.

So oder so lässt sich feststellen, dass immer mehr Menschen die Möglichkeit der aktiven Sterbehilfe in Erwägung ziehen. Im Jahr 2007 legte das „Institut für Demoskopie Allensbach" eine Umfrage zum Thema „Moral" vor. Es wurde zwar grundlegend festgestellt, dass es insgesamt eine gesellschaftliche Entwicklung hin zu konservativen Werten gibt. Aber die Frage nach der Einstellung zur „Euthanasie" machte eine Ausnahme. Nur 14% der Befragten gaben an, dass man eine solche Handlung „unter keinen Umständen" durchführen dürfe, wohingegen vergleichsweise immerhin 79% der Befragten dagegen waren, die Eltern respektlos zu behandeln. Ein Trend, der durchaus nachdenklich macht.

Vom Sterben-Wollen zum Sterben-Müssen?
Die Folgen der Freigabe aktiver Sterbehilfe

Was würde passieren, wenn die aktive Sterbehilfe in Deutschland legalisiert und salonfähig gemacht würde?

Von Gegnern der aktiven Sterbehilfe wird häufig auf die Gefahr des Missbrauchs verwiesen. Viele würden – zu Recht – auf die schrecklichen Praktiken der Vergangenheit, besonders in der NS-Zeit, hinweisen. Befürworter einer Freigabe aktiver Sterbehilfe führen an, dass es Unterschiede zwischen der „Euthanasie" im Dritten Reich und ihrer Auffassung von aktiver Sterbehilfe gibt. Gerade die Erfahrungen in den Niederlanden würden zeigen, dass bei klarer Gesetzeslage Missbrauch ausgeschlossen werden kann. Aber ist das wirklich so? Um uns einer Antwort auf diese Frage anzunähern, ist vielleicht ein Blick auf unsere europäischen Nachbarn hilfreich.

Wie schon erwähnt ist es in den Niederlanden immer mehr üblich, eine so genannte „Lebensverfügung" mit sich zu führen. Dieses Dokument tragen Holländer bei sich, analog zu der in Deutschland bekannten Patientenverfügung oder dem Organspenderausweis. Der Unterschied ist jedoch: Während Patientenverfügung oder Organspenderausweis sich mit Fragen des Sterbens befassen, sind in einer niederländischen Lebensverfügung Fragen des Lebens behandelt. Hier geht es nicht darum, wann beispielsweise im Falle eines schweren Unfalls die künstliche Beatmung eingestellt werden soll. Im Gegenteil. Es geht darum, dass dem Betroffenen im Bedarfsfall überhaupt eine solche Möglichkeit zur Verfügung gestellt und nicht von vornherein ausgeschlossen wird.

Diese Entwicklung in den Niederlanden ist nur dadurch erklärbar, dass der Druck auf Alte und Kranke gestiegen ist, aktive Sterbehilfe in Anspruch zu nehmen. Die Angst geht um, am Ende in die „Tötung auf Verlangen" gedrängt zu werden.

Die Problematik liegt dabei nicht bei der Zahl der Fälle von aktiver Sterbehilfe. Sie ist, wie schon gezeigt wurde, gering. Man muss bei den geringen Zahlen bedenken, dass nur etwa die Hälfte der Fälle von aktiver Sterbehilfe gemeldet wird. Zwischen 2001 und 2005 stieg außerdem die Zahl der Patienten, die mit schmerzlindernden Medikamenten in einen schlafähnlichen Zustand versetzt wurden, der bis zum Tod anhielt. In diesem Stadium werden die Patienten nicht weiter ernährt. In 8,2 % aller Todesfälle in den Niederlanden wurde diese „terminale Sedation" als Todesgrund angegeben, ein erstaunlich hoher Prozentsatz. Für unsere Fragestellung ist wichtig: Experten gehen davon aus, dass darunter auch Fälle von aktiver Sterbehilfe sind, die einfach als „terminale Sedation" indiziert werden. D. h. diese Art der Behandlungseinstellung würde auch bei Menschen angewandt, die überhaupt noch nicht in einem „terminalen Zustand" sind.

Außerdem gilt in einem Drittel aller Fälle das ausdrückliche Verlangen der Betroffenen als zweifelhaft. Z. B. wurde die offizielle Zahl der Fälle von „ungefragter Sterbehilfe" bei Schwerstbehinderten und Krebspatienten für das Jahr 2005 mit 500 angegeben, Die Dunkelziffer liegt viel höher. Damit soll gezeigt werden: Die liberale Gesetzgebung in den Niederlanden ist nicht nur problematisch im Bereich der direkten Fälle von aktiver Sterbehilfe, sondern auch in den Grauzonen.

Das wird auch durch anderes Zahlenmaterial deutlich. Eine Befragung von 1.200 Chefärztinnen und -ärzten in Europa ergab, dass die Zahl der Ärzte, die eine maschinelle Beatmung bei Neugeborenen schon einmal beendet haben, in den Niederlanden und Schweden am höchsten liegt (89 bzw. 90 %), in Italien, einem Land mit einem strengen Lebensschutz, sehr niedrig (28 %). Ähnliche Ergebnisse ergab die Befragung, ob man schon einmal „indirekte Sterbehilfe" bei Neugeborenen vorgenommen hätte. D.h. es ist offensichtlich, dass die Freigabe der aktiven Sterbehilfe im Zusammenhang steht mit einer generell offeneren Haltung im Bereich des gesamten Lebensschutzes. Diese indirekten Folgen werden in den Niederlanden mittlerweile als Problem erkannt und müssen bei den geringen Zahlen der Todesfälle durch aktive Sterbehilfe unbedingt berücksichtigt werden.

Diese Folgen der Legalisierung aktiver Sterbehilfe zeigten sich auch 2002 im so genannten „Groningen Protokoll", einem Dokument von Ärzten an der dortigen Universitätsklinik. Sie plädierten für die Einführung unabhängiger Komitees, die über aktive Sterbehilfe bei schwerstbehinderten Kindern entscheiden sollten. In erster Linie war dabei an Neugeborene gedacht, die keine Lebenschance hätten, nur durch intensive medizinische Behandlung überhaupt überlebensfähig seien und ihr Leben lang nur eine „geringe Lebensqualität" hätten (z.B. Kinder mit Spina-bifida-Diagnose). Kontrovers wurde darüber diskutiert, was die Formulierung „geringe Lebensqualität" bedeutet und wann überhaupt Lebensqualität beginne. Die Groninger Ärzte meinten, dass es bei schlechter Prognose „menschlicher" sei, bei solchen Kindern das Leben zu beenden, statt sie leiden zu lassen. Sie bezogen sich dabei auf die gesetzliche Regelung, dass jede erwachsene Person ab 16 Jahren unter solchen Umständen ja selbst aktive Sterbehilfe in Anspruch nehmen könnte. Deshalb dürfe es nicht sein, dass die Eltern für ihre kranken Kinder keinen Anspruch auf aktive Sterbehilfe geltend machen könnten. Zudem wurde argumentiert, dass sowieso jedes Jahr 15–20 schwerstbehinderte Kinder in den Niederlanden quasi illegal durch Ärzte getötet würden, was eine legale Klärung dringlich mache.

Kritiker der niederländischen Gesetzgebung haben darauf hingewiesen, dass in der Gesetzesformulierung die Begriffe „aussichtslos" und „unerträglich" zu subjektiv seien und dadurch die Schutzwürdigkeit des Lebens unterlaufen würde, auch in Zusammenhang mit dem Einfluss von ökonomischen Kriterien. Außerdem fehle die Sensibilität für den Schutz von Menschen mit Behinderung, chronischen Krankheiten oder Demenz. Gerade die Sorge um die Schwachen und Gebrechlichen gebiete große Vorsicht im Bereich Sterbehilfe. Wieder andere Kritiker wiesen darauf hin, dass die Bitte um aktive Sterbehilfe auch aus Angst vor möglichem zukünftigen Leid erfolgen könne, was natürlich nicht der Intention der Gesetzgeber entspräche. Für die Ärzte sei es schwierig, die eigentlichen Motive der Patienten zu erforschen. Auch die Entscheidungsfähigkeit von Minderjährigen würde überschätzt.

Nach einer neueren Untersuchung (MELS-Studie) zeichnet sich auch die Schweiz ähnlich wie die Niederlande durch eine hohe Quote von Behandlungsabbrüchen und Behandlungsverzicht bei Schwerstkranken und Sterbenden aus. D. h. auch hier ist davon auszugehen, dass die Freigabe des ärztlich assistierten Suizids die generelle Einstellung zu Tod und Sterben und die Behandlung von schwerstkranken Patienten unterschwellig beeinflusst.

Das Beispiel unserer niederländischen und Schweizer Nachbarn offenbart die Tendenzen, auf die wir uns einstellen müssen, wenn aktive Sterbehilfe in Deutschland freigegeben würde. Der Bedarf einer Erklärung, die den Wunsch nach Leben formuliert, ist absurd. Aber sie zeigt eindrücklich den schmalen Grat, auf dem wir uns beim Thema aktive Sterbehilfe bewegen. Auf der einen Seite das „Sterben-Wollen", der Wunsch, der den ganzen Prozess in Bewegung setzt. Auf der anderen Seite das „Sterben-Müssen" als ungewolltes Resultat, das am Ende der Entwicklung stehen könnte.

Eine weitere Frage in Bezug auf aktive Sterbehilfe wird ebenfalls zu wenig diskutiert: In welchen Fällen wäre die Freigabe aktiver Sterbehilfe angebracht, in welchen nicht?

Ein eigenes „Ja" zur aktiven Sterbehilfe beginnt meist durch das Kennenlernen von Einzelfällen, tragischen Schicksalen, die in den Fokus der Öffentlichkeit gerückt werden. Es sind Menschen, die Leid ertragen müssen, das über die Grenze des Erträglichen hinausgeht. Diese Schicksale machen Angst, sie verunsichern. Es darf nicht verschwiegen werden, dass es diese Fälle immer wieder gibt und leider auch in Zukunft geben wird: Menschen, denen trotz bester palliativmedizinischer Versorgung nicht oder nicht ausreichend geholfen werden kann.

Einzelfälle bleiben dennoch Einzelfälle. Sie sind nicht die Regel. Die verschiedenen Angaben, die im Umlauf sind, beziffern die Zahl dieser Fälle auf drei bis fünf Prozent aller Kranken, denen auch mit intensiver fachkundiger Betreuung keine zufrieden stellende Linderung der Schmerzen verschafft werden kann. Dies ist eine bestürzende Zahl. Aber man kann es auch anders ausdrücken: 95–97 von 100 Menschen kann mit den Mitteln moderner Medizin bereits geholfen werden. Tendenz steigend. Und damit bleiben die Fälle, auf die dies nicht zutrifft – so hart es auch klingt –, Einzelfälle.

Die Frage ist nun, ob eine Legalisierung der aktiven Sterbehilfe angesichts dieser Tatsache gerechtfertigt werden kann. Die Befürworter streben eine generelle, gesetzlich verankerte Regelung und Lösung an, keine Ausnahmegenehmigungen. Aus Einzelfällen und Ausnahmen generelle Regelungen zu machen, ist jedoch gefährlich. Denn im Falle einer generellen gesetzlichen Regelung werden vor allem die 95–97% unter Rechtfertigungsdruck geraten. Außerdem finden sich dann immer neue Ausnahmen, neue Einzelfälle, für die es die neu geschaffenen Regelungen zu erweitern gilt. Allein schon der Gedanke, wer am Ende sterben „darf" und wer noch nicht, ist problematisch. Leben wird durch eine solche Regelung unbewusst selektiert. Wer „darf" schon sterben, wer „muss" noch leben? Wer legt solche Maßstäbe fest? Der Arzt? Die Angehörigen?

Die Gefahr, dabei Grenzen zum eigenen Schaden und zum Schaden anderer zu überschreiten, ist groß. Das Brechen eines Tabus im Einzelnen könnte somit zu einem unüberschaubaren ethischen Dammbruch im Generellen werden. Die oben angeführten Beispiele und Gedankenanstöße sind nur eine kleine Auswahl dessen, was passieren könnte. Ohne eine solche Folgenabschätzung können wir aber nicht über aktive Sterbehilfe sprechen.

Nicht einmal der Tod ist umsonst: Kostendruck und Gewinnspannen am Lebensende

Die Frage nach der aktiven Sterbehilfe hat auch etwas mit unserem gesamten Gesundheitssystem zu tun und kann nicht losgelöst davon behandelt werden. Klar ist: Unser Gesundheitswesen geht am Stock. Die Kassen sind leer. Die Beiträge steigen. Um Leistungen muss gefeilscht werden.

Viele Jahre hat man sich geweigert, über die Folgen einer permanenten Unterfinanzierung des Gesundheitswesens zu diskutieren. Mittlerweile sind es die Ärzte, die vehement die Folgen des Kostendrucks an die Wand malen. Der Präsident der Bundesärztekammer, Jörg-Dietrich Hoppe, appellierte deshalb auf dem 111. Ärztetag im Mai 2008, dass erhebliche Rationierungen bei der Behandlung von Kranken in Zukunft unausweichlich seien. Insbesondere die Behandlung von Demenzkranken sei nicht mehr gesichert. Das universelle Leistungsversprechen früherer Zeiten sei heute an sein Ende gekommen.

Die Betrachtung einiger ausgewählter Aspekte soll helfen, sich diesem Phänomen anzunähern.

Stichwort Bevölkerungsentwicklung: Dass die deutsche Bevölkerung unaufhaltsam altert, ist heute schon spürbar. Das Renteneintrittsalter wird schrittweise angehoben. Modelle wie Altersteilzeit oder Frührente werden sich mittel- bis langfristig nicht mehr halten lassen. Die Arbeitskraft wird in Zukunft länger benötigt. Anders formuliert: Der Mensch muss länger produktiv sein. Seine Nützlichkeit hängt von seiner Leistungsfähigkeit ab.

Grund dafür ist die Gesamtentwicklung der Bevölkerung. Geburtenstarke Jahrgänge der frühen Nachkriegszeit werden nun alt und scheiden aus dem Arbeitsleben aus. Zu wenig Jüngere rücken nach. Dadurch entsteht ein Kosten- und Personalproblem. Die so genannte Alterspyramide, wie sie unter anderem in regelmäßigen Abständen vom Statistischen Bundesamt veröffentlicht wird, steht Kopf, gleich, nach welcher Alterungs- oder auch Migrationsvariante man rechnet. Die Auswirkungen sind verheerend. Mehr Alte und weniger Junge bedeutet weniger Einnahmen und mehr Kosten für die Sozialkassen. Weniger Beitragszahler bei gleichzeitig mehr Leistungsempfängern bedeutet: Der Sozialstaat gerät unter Druck.

Stichwort Kostendruck. Alt sein ist teuer, krank sein nicht minder. Erst recht, wenn die Krankheit länger andauert und einen mitunter aufwändigen Krankenhausaufenthalt notwendig macht. Ein Tag auf der Intensivstation kostet pro Patient im Schnitt zwischen 1.200 und 2.000 Euro. Auf einer „normalen" Station sind es „nur" etwa 330 Euro. Auch ein Aufenthalt in einer geeigneten und fachlich qualifizierten Altenpflegeeinrichtung kostet bis zu höheren vierstelligen Summen pro Monat. Die Kosten, die im letzten Lebensjahr eines Menschen entstehen, beanspruchen zehn bis fünfzehn Prozent des gesamten Leistungsaufkommens im Gesundheitswesen. Da verwundert es nicht, wenn die Krankenkassen über Beitragserhöhungen oder Leistungseinschränkungen nachdenken.

Man kann sich vorstellen, dass die finanzielle Situation im Gesundheitswesen in den nächsten Jahren einen nie gekannten Kostendruck erleben wird. Dieser Kostendruck wird Kostensenkungen zur Folge haben müssen. Bereits heute werden im Ausland Stimmen laut, die in immer mehr Fällen den Verzicht auf aufwändige Behandlungen oder sogar auf Wiederbelebung fordern, nicht etwa aus Gründen fehlender Humanität, sondern um finanziellen Aufwand zu mindern. Mit solchen Begründungen wird auch in den Niederlanden diskutiert, was die Notwendigkeit einer Lebensverfügung verständlich macht.

Auf große Empörung stieß in diesem Zusammenhang eine Richtlinie der „Schweizer Akademie für Medizinische Wissenschaften" aus dem Jahr 2003. Auf dem Hintergrund der wachsenden Aktivitäten von Sterbehilfeorganisationen wurde dafür plädiert, dass sich mehr Ärzte in Krankenhäusern und Altersheimen aktiv am ärztlich assistierten Suizid beteiligen sollten, um Fehlentwicklungen zu unterbinden. Die Empfehlungen waren so formuliert, dass sie den ärztlich assistierten Suizid im Zusammenhang mit dem demographischen Faktor und den steigenden Kosten im Gesundheitswesen brachten. Gerade weil aus Kostengründen auf Langzeitbehandlung älterer Menschen verzichtet werden müsste, würde bei ihnen der Wunsch nach aktiver Sterbehilfe steigen. Diesem Wunsch müsse angemessen Rechnung getragen werden. Solche Formulierungen bestätigen die Befürchtung, dass eine offenere Haltung zur aktiven Sterbehilfe mittelfristig Folgen für den gesamten Lebensschutz hat, insbesondere in Ländern, in denen Formen der aktiven Sterbehilfe freigegeben wurden.

Ein weiterer Seitenblick ins Ausland. In Großbritannien ist heute bereits die Dialyse „altersgemäß" geregelt. Diese lebenserhaltende Maßnahme übernimmt die Krankenkasse nicht mehr uneingeschränkt. Ab dem 60. Lebensjahr müssen Patienten die Behandlung aus der eigenen Tasche bezahlen. Hier wird konkret deutlich, wie zunehmender Kostendruck zu Maßnahmen führt, die unter Umständen sogar die Lebensdauer von Patienten beeinflussen.

Bei dem eben skizzierten wachsenden Kostendruck im Gesundheitswesen wird sich unter Umständen bald auch bei uns die Frage stellen: In welchem gesundheitlichen Zustand gibt es einen Anspruch auf lebenserhaltende Maßnahmen, in welchem nicht? Können wir uns aufwändige Betreuung von jedermann langfristig noch leisten? Der Kostendruck wird in Zukunft eher dazu führen, die Legalisierung aktiver Sterbehilfe zu fördern, als zurückzudrängen.

Dieser Zusammenhang wird deutlicher, wenn man die Rechnung einmal von der anderen Seite her durchführt. Englische Ärzte haben geäußert, dass die eigentliche Medikamentenmenge, die benötigt wird, um ein Leben zu beenden, nur etwa fünf englische Pfund, also zirka 7,50 Euro kostet. Medikamente für eine Woche palliativmedizinische Versorgung kosten hingegen etwa 500 Pfund, also zirka 750 Euro. Wie vermeidet man, dass dadurch im Falle einer Freigabe der aktiven Sterbehilfe Druck auf Schwerstkranke entsteht, weil sie dem gesamten Gesundheitssystem übermäßig Kosten verursachen?

Stichwort Gewinnspanne. Ist mit dem Tod ein Geschäft zu machen? Es mag paradox klingen, angesichts des gerade ausgemalten Dilemmas von finanziellen Profiten zu sprechen. Aber der Gedanke ist nicht so abwegig, wie er scheint. Von einer Legalisierung aktiver Sterbehilfe könnten bestimmte Gruppen profitieren. Einige Organisationen haben gute

Gründe, eine Beschleunigung dieser Entwicklung zu forcieren.

Ein Blick auf die Fakten gibt darüber Aufschluss. Ohne Kosten für Reise und Unterbringung, dafür aber mit einer schon vor Ort vorgenommenen Einäscherung (ohne Rücktransport und Urnenbestattung) muss man als sterbewilliger Deutscher in der Schweiz einen Betrag von bis zu 5.000 Euro veranschlagen. Natürlich fließt das Geld nicht ausschließlich in die Kassen von Sterbehilfeorganisationen, sondern auch in die Tasche der beteiligten Ärzte und andere damit verbundene Institutionen. Dennoch stellt sich die Frage, ob eine solche Kostenspanne für einen „Akt der Humanität" gerechtfertigt ist.

Noch wichtiger ist die generelle Frage, ob private Vereine für die Abwicklung von Sterbehilfe die richtigen Ansprechpartner sind. Die Gefahr der Kommerzialisierung steht immer im Hintergrund. Was geschieht, wenn mehrere Sterbehilfeorganisationen um die Gunst von Sterbewilligen buhlen? Was passiert, wenn es zu einem Konkurrenzkampf von Sterbehilfeorganisationen kommt? Ist eine Kommerzialisierung des Sterbens zu verhindern? Gibt es demnächst Sterbehilfe zu Dumpingpreisen?

Wenn man die aktuelle Bevölkerungsentwicklung und den Kostendruck im Gesundheitswesen berücksichtigt, ist eine Befürchtung nicht abwegig: die Sorge vor einem Missbrauch der aktiven Sterbehilfe. Motive gäbe es genug – und viel zu wenig Skrupel.

„Die Würde des Menschen ist unantastbar" – auch angesichts von Leid und Tod?

Die Frage, die sich daraus ergibt, ist die: Was ist ein Mensch überhaupt wert? Oder genauer: Was ist ein kranker beziehungsweise alter Mensch *noch* wert?

Die Tendenz geht dahin, den Menschen heute verstärkt unter dem Blickwinkel seiner Produktivität zu betrachten. Aus Sicht der Kranken- und Rentenkassen sind der alte und der kranke Mensch ein erheblicher Kostenfaktor. Aus Sicht der Wirtschaft und des Arbeitsmarktes ist er unproduktiv. Interessanter Weise spricht man in der Wirtschaft heute schon vom „Humankapital" – eine entwürdigende Ausdrucksweise, die deutlich macht, dass die Leistungskraft des Menschen im Vordergrund steht. Auch für das Finanzministerium ist der alte Mensch eher eine Belastung, weil er praktisch keine Steuern mehr zahlt.

Die Bedeutung vom „Wert des Menschen" kann man anhand der „Lebensqualität" illustrieren. Immer mehr Menschen empfinden ihr Leben als nicht mehr lebenswert, wenn die Lebensumstände nicht optimal sind. Solche Einstellungen können sogar durch die Medizin ungewollt gefördert werden. Die so genannte Rosser-Matrix, vergleichbar mit dem bekannteren Barthel-Index für die Feststellung der Pflegebedürftigkeit, versucht, die menschliche Lebensqualität in Messwerten auszudrücken. Der Wert eins beziffert ein Leben ohne Schmerzen, das belastbar, gesund, aktiv und komfortabel ist. Je nach „Einbußen" dieses Optimalzustandes gibt es Abstufungen. Krankheit, Behinderung, Alter und Schmerzen mindern den Idealzustand. Der Wert Null bezeichnet ein von starken Schmerzen und Einschränkungen geprägtes Leben, etwa das Angewiesen-Sein auf einen Rollstuhl. Null ist der niedrigste zu erreichende Wert auf der Rosser-Matrix. Null wird als nicht lebenswert definiert. Damit kommt die Rosser-Matrix den Überzeugungen des Ethikers Peter Singer nahe, der Abstufungen in der Würde des Menschen feststellt. Ein Mensch im Stadium einer schweren Krankheit mit Verlust seiner Persönlichkeit habe generell einen niedrigeren Wert als gesunde Menschen.

Aber kann oder vielmehr darf man eine solche Aussage pauschal treffen? Ist die so genannte Lebensqualität Maßstab für den Wert eines Menschen? Es gibt durchaus Menschen, die auch mit Schmerzen und mit Behinderungen ihr Leben als erfüllt und lebenswert ansehen!

„Die Würde des Menschen ist unantastbar", so steht es im ersten Artikel des Grundgesetzes. Aber was ist die Würde und der Wert des Menschen? Ist es seine Leistungsfähigkeit? Sein Aussehen? Seine Verdienste? Seine Gesundheit? Kann man den Wert eines Menschen von seinen Lebensumständen abhängig machen?

Der Wert eines Menschen und damit zugleich auch der Wert des menschlichen Lebens ist eine unveränderliche Konstante. Keinen der oben genannten Aspekte kann man als Definition für die Würde und den Wert des Menschen gelten lassen. Die Eckpfeiler für die Menschenwürde und den Menschenwert dürfen nicht an Äußerlichkeiten festgemacht werden.

Würde ist ein dem Menschen Achtung und Respekt verschaffender, ihm innewohnender Wert. Dieser Wert wiederum ist eine dem Menschen innewohnende Qualität, die ihn der Wertschätzung und der Achtung würdig macht. Der Wert des Menschen ist in erster Linie individuell beschaffen. Wenn aber jeder Mensch einen individuellen Wert hat, der nicht veränderbar ist, bleibt die Frage, woher dieser Wert kommt. Irgendetwas oder irgendjemand muss ihn begründet haben. Da aber dieser Wert dem Menschen innewohnt, kann es der Mensch nicht selbst gewesen sein. Er muss von außen an den Menschen herankommen.

An dieser Stelle bietet es sich an, auf die christliche Dimension des menschlichen Wertes und der menschlichen Würde zu verweisen. Nach biblischem Verständnis kommt der Wert des Menschen von Gott. Die „Gottesebenbildlichkeit", von der bei der Erschaffung des Menschen die Rede ist, stellt die Basis seiner Würde dar. Er verliert diese Würde niemals, nicht einmal, als er sich von Gott abwendet. Weil der Mensch in Gottes Augen grundsätzlich als Geschöpf wertvoll ist, sorgt Gott sich auch um die Würde des Menschen. Immer wieder äußert Gott, wie sehr er die Menschen, seine Geschöpfe, wertschätzt.

Es ist also Gottes Kreativität, die dem Menschen zu seiner Würde verholfen hat. Jeder Mensch ist nach christlichem Verständnis ein Individuum und steht daher in einer einzigartigen Beziehung zu seinem Schöpfer. Die Menschen verbindet bei all ihrer Unterschiedlichkeit ein entscheidendes Merkmal: Sie kommen von Gott. Dieses Prädikat hat der Mensch seit seiner Zeugung (Psalm 139,16), und er behält es bis zu seinem Tod (Jesaja 46,4).

Trägt man diesen biblischen Zusammenhängen Rechnung, hat dies Konsequenzen für unsere Fragestellung. Die Würde des Menschen, sein Wert und der Wert des Lebens als solcher sind Konstanten. Die Würde des Menschen besteht nicht aus dem Menschen heraus oder weil Menschen sie ihm zugestehen. Würde und Wert sind nicht abhängig von der augenblicklichen Lebensqualität. Sie können uns nicht von anderen Menschen genommen werden. Was unser Ansehen vor anderen Menschen betrifft, ist dies vielleicht möglich. Würde und Wert behält der Mensch jedoch bis zu seinem letzten Atemzug.

„Die Würde des Menschen ist unantastbar." Diese Über-

zeugung wird auch von den Befürwortern der aktiven Sterbehilfe vertreten. Sie meinen, es entspräche gerade der Würde
des Menschen, über den Zeitpunkt und die Art seines Todes
selbst bestimmen zu können und auch zu dürfen. Vielmehr
täte es seiner Würde Abbruch, wenn er diesen Wunsch nicht
auch rechtlich abgesichert in die Tat umsetzen könne.

Die entscheidende Frage ist aber, ob der Mensch über sein
Leben wirklich frei entscheiden kann und darf. Darauf werden wir unter dem nächsten Punkt noch ausführlich eingehen.
Aber auch die generelle Frage, ob es überhaupt der Würde
und dem Wert des Menschen entspricht, sein Leben vorzeitig
zu beenden, muss erlaubt sein.

Hier sind Zweifel angebracht. Die „Rosser-Matrix" verstärkt die Tendenz der Gesellschaft, festlegen zu wollen, wann
ein Leben nicht mehr lebenswert erscheint. Eine solche Fest-
legung ist zweifelhaft, schon deshalb, weil jeder „Fall" ganz
unterschiedlich ist. Es mag Menschen geben, die in einer Situation mit Schmerzen und Einschränkungen ihr Leben als
nicht mehr lebenswert empfinden. Aber es gibt auch Menschen, die das in ähnlicher Situation anders sehen. Daran wird
deutlich, wie stark der Wunsch nach aktiver Sterbehilfe von
der Situation und den äußeren Rahmenbedingungen abhängt.
Außerdem gibt es Mittel und Wege, auch ein Leben mit Einschränkungen und Schmerzen noch bis zu einem gewissen
Grad erträglich zu gestalten. Die Palliativmedizin und die
Hospizbewegung setzen sich für dieses Anliegen ein und arbeiten daran, ständig Fortschritte und Verbesserungen zu erreichen.

Noch einmal: Würde und Wert des Menschen sind nicht an
einen Gesundheitszustand gebunden. Sie sind nicht veränder-
oder beeinflussbar. Was man aber sehr wohl beeinflussen und
verändern kann, sind die äußeren Umstände und die Einstellung zum Leben. Hierbei sind Schwerkranke, Alte und

Schmerzpatienten auf kompetente und fachkundige Hilfe angewiesen, Hilfe, die den Menschen ganzheitlich im Blick hat. Es sind nicht nur die Schmerzen, die in einem Menschen den Wunsch nach einem vorzeitigen Tod wecken, es ist auch die Angst. Vor allem die Angst, in der letzten Lebensphase allein zu sein und die Herausforderung der Krankheit und vielleicht auch des Sterbens alleine meistern zu müssen.

An dieser Stelle sind alle Beteiligten dieses Prozesses gefragt und zugleich gefordert. Angehörige, Freunde, Ärzte, Pfleger und Seelsorger müssen hier Hand in Hand arbeiten. Betreuung darf nicht nur nach rein medizinischen Gesichtspunkten erfolgen, sondern muss auch eine seelsorgerlich-spirituelle Ebene beinhalten. Beziehungen und Vertrauen sind hier unumgänglich, weil die Betroffenen in dieser Situation ihres Lebens und Seins absolut von anderen abhängig sind. Das erfordert einerseits großes Vertrauen seitens der Patienten gegenüber ihren Betreuern, andererseits aber auch ein hohes Maß an Information, Aufklärung, Ehrlichkeit und Transparenz seitens aller betreuenden Personen. Ziel ist es, dass die Abhängigkeiten des Patienten von seinen Betreuern von ihm nicht als Last, sondern als eine Erleichterung in seiner ganz konkreten Situation wahrgenommen werden können.

Gerade die Abhängigkeiten von anderen in Phasen der schweren Krankheit sind heute jedoch zum Problem geworden.

Selbstverständlich selbstständig?
Menschliche Autonomie und aktive Sterbehilfe

Wir haben sie schätzen gelernt, unsere Unabhängigkeit. Sie gibt uns das Gefühl, frei zu sein, selbst entscheiden und den Verlauf unseres Lebens bestimmen zu können. Solange, bis wir an Grenzen stoßen.

Diese Grenzen zeigen sich vor allen Dingen am Ende des Lebens. Ein schwerkranker Mensch auf der Intensivstation kann nicht mehr selbstständig handeln. Für viele sind solche Situationen Krisen, die sogar die Würde eines Menschen in Mitleidenschaft ziehen oder gar zerstören können. Schwere Krankheit bedeutet den Verlust der Selbstständigkeit und die völlige Abhängigkeit von Ärzten, Pflegepersonal, Angehörigen, von Medikamenten, medizinischer Technik und medizinischen Apparaten.

Die Bestrebung des Menschen geht heute dahin, seine Selbstständigkeit, Unabhängigkeit oder Autonomie nicht preisgeben zu wollen. Die Autonomie des Lebens ist für den modernen Menschen von großer Bedeutung. Aber was, wenn die persönlichen Lebensumstände den Verlust von Autonomie erzwingen? Im Angesicht von Krankheit, Behinderung oder altersbedingten Einschränkungen schmilzt die sonst so selbstverständliche Selbstständigkeit schnell dahin.

An dieser Stelle schalten sich nicht selten die Befürworter aktiver Sterbehilfe ein. Der Mensch müsse in seinen Entscheidungen bis zum Ende autonom bleiben. Der Mensch müsse auch über den Zeitpunkt seines Lebensendes frei entscheiden dürfen. Diese Forderung setzt voraus, dass der Mensch als solcher ein völlig autonomes Individuum ist, in jeder Situation frei in seinen Entscheidungen. Dann, und nur dann macht eine Forderung nach Autonomie am Lebensende Sinn. Die Frage ist nur: Ist der Mensch wirklich ein solches Wesen?

An einer solchen Einstellung ist Zweifel angebracht, denn jeder Mensch ist eingebunden in ein ganzes Geflecht von Beziehungen, Abhängigkeiten und Bindungen. In große Teile dieses Geflechts wird der Mensch hineingeboren, ohne Einfluss darauf zu haben. Er ist ein Gemeinschaftswesen. Von seinen tiefsten inneren Bedürfnissen her ist jeder Mensch auf dieses Beziehungs- und Abhängigkeitsgeflecht ausgerichtet, selbst wenn er sich das nicht eingestehen will oder kann.

Auf diesem Hintergrund wird die totale Autonomie zum Mythos, allenfalls zu gehobenem Wunschdenken. Der Mensch ist von einer fast unüberschaubar großen Anzahl von Dingen abhängig. Er lebt in steter unbewusster Interaktion mit seiner Umwelt, mit den Menschen in seiner Umgebung, seinem sozialen Geflecht. Dieses Wechselspiel beeinflusst – bewusst oder unbewusst – unser Denken, Fühlen und Handeln. Dazu kommen Rollenerwartungen, die von außen mitunter sehr konkret an ihn herangetragen werden. Aber nicht nur von außen, auch von innen her wirken Kräfte. Eine bunte Mischung aus verschiedenen Faktoren wie Wünsche, Emotionen, Triebe, Grundbedürfnisse oder (manchmal schwankende) seelische (psychische) Zustände und Befindlichkeiten prägen sein Leben.

Solche Faktoren lassen die Autonomie des Menschen fragwürdig erscheinen. Als Mensch wird man in seinem Denken und Handeln von innen und außen beeinflusst. Das eigene Denken und Handeln beeinflusst andererseits auch immer andere. Die Abhängigkeit des Menschen von inneren und äußeren Verflechtungen widerspricht dem modernen Autonomiestreben. Was wir uns viel zu wenig bewusst machen ist: Auch die uns durch die Gesellschaft aufgenötigten Autonomiebestrebungen prägen uns, oft unbewusst. Wir sind Kinder unserer Zeit, auch im Bereich der Selbstbestimmung des Lebens!

Zu dem Streben nach (Entscheidungs-)Freiheit und Unabhängigkeit gesellt sich gerade im Bezug auf Krankheit, Behinderung oder Alter noch eine Scheu des „Nicht zur Last fallen Wollens". Kein anderer soll durch die eigenen Einschränkungen belastet werden. Viele Sterbewillige begründen ihren Beschluss, aktive Sterbehilfe in Anspruch nehmen zu wollen, mit dem scheinbar selbstlosen Wunsch, andere zu entlasten. Solche Entschlüsse klingen nach Autonomie, sind aber oft nur der Ausdruck problematischer äußerer Umstände. In einem stabilen Netz von sozialen Beziehungen ist die Abhängigkeit von anderen kein ausreichender Grund, am Leben zu verzweifeln. Im Gegenteil: Die Freiheit, auch anderen zur Last fallen zu *dürfen*, ist Ausdruck wahrer Autonomie, denn zur Freiheit der menschlichen Existenz gehört gerade das Leben in der Geborgenheit der Sozialgemeinschaft.

Aber nicht nur die Vorstellung der völligen Autonomie ist ein Trugschluss. Auch die Entscheidung für aktive Sterbehilfe ist immer schon durch bestimmte Umstände beeinflusst. Solche Entscheidungen mögen auf den ersten Blick rational sein, gut durchdacht und sorgsam abgewogen. Aber objektive Entscheidungen sind es nicht. Hier spielen vielmehr unterschiedliche Faktoren eine Rolle: die eigene Lebensphilosophie, Erfahrungen mit anderen Kranken, Unsicherheit, Unkenntnis, Angst, Schmerzen, Hilflosigkeit. Aber auch die Reaktionen des Umfelds beeinflussen die betroffenen Patienten und ihr gesamtes Umfeld.

Angst ist dabei ein zentraler und kraftvoller Motor, nicht nur bei den Betroffenen selbst, sondern auch bei ihren Angehörigen. Man könnte die Frage stellen, ob das lautstarke Fordern einer Legalisierung nicht in Wirklichkeit der Ausdruck tiefster Angst ist. Ist die Forderung nach aktiver Sterbehilfe gewissermaßen als Absicherung für die eigene Zukunft zu verstehen? Hat man Angst davor, die Kontrolle über das eigene Leben oder zumindest Teile davon aus der Hand geben zu müssen?

Mit solchen Fragen wird deutlich: Selbst die Entscheidung für aktive Sterbehilfe ist nie „autonom", sondern Produkt von vielfältigen Prägungen, Rahmenbedingungen und Gefühlen. Hier von einem selbstbestimmten Entschluss zu sprechen, ist eine Illusion.

Unsere Aufgabe ist es nicht, diese Ängste zu verurteilen. Die Frage ist vielmehr: Wie kann man hier am besten *helfen*? Ist die beste Hilfe die Legalisierung aktiver Sterbehilfe? Für Ängste und Zweifel gibt es Alternativen in Form von guter Beratung, Begleitung und Behandlung, sowohl der betroffenen Patienten als auch ihrer Angehörigen. Hat Abhängigkeit – so kritisch man ihr auch gegenüberstehen mag – wirklich immer nur einen negativen und einengenden Charakter? Oder gibt es noch andere Möglichkeiten, eine solche Situation zu bewerten?

Auch hier ist ein Blick auf die christliche Tradition hilfreich. Gleich zu Beginn der biblischen Schöpfungsgeschichte heißt es, dass der Mensch nicht aus sich selbst kommt, sondern erschaffen wurde. Sein Leben bekommt er als Gabe von Gott. Er ist Kreatur, das Werk eines anderen, Gottes Werk. Er ist Gott, seinem Schöpfer, verpflichtet und von ihm abhängig.

Das ganze Alte Testament handelt von dieser Abhängigkeit des Menschen von Gott. „An Gottes Segen ist alles gelegen", sagt der Volksmund. Dieser Tatbestand zieht sich wie ein roter Faden durch die biblischen Berichte. Gott lenkt die Menschen, die sich von ihm lenken lassen. Wenn sich Menschen von der Abhängigkeit zu Gott lösen, gehen sie zu Gott, ihrem Schöpfer, auf Distanz, was Auswirkungen auf ihre Sicht der Welt und des Menschen hat.

Gott schenkt dem Menschen aber auch Freiheit, sein Leben eigenverantwortlich zu gestalten. Für das Geschenk des Le-

bens trägt er die Verantwortung. Mit der Freiheit richtig umzugehen ist eine große Herausforderung des Lebens. Diese
Freiheit ist nach christlichem Verständnis aber immer eine
Freiheit in der Abhängigkeit von Gott. Ist der Mensch nämlich von Gott abhängig, dann kann er auch alles von ihm erwarten, zum Beispiel Schutz, Hilfe und Fürsorge.

Das Bewusstsein der Freiheit in Abhängigkeit hatten schon
zu Zeiten des Alten Testaments viele Menschen, was besonders in den Psalmen mehrfach zum Ausdruck kommt. Aber
auch im Neuen Testament finden sich Hinweise darauf, dass
es wahre Freiheit nur in Abhängigkeit von Gott gibt. Jesus
Christus brachte es mit einem Bild auf den Punkt: „Ich bin
der Weinstock, ihr seid die Reben. Wer in mir bleibt und ich
in ihm, der bringt viel Frucht; denn ohne mich könnt ihr
nichts tun" (Johannes 15,5). Auch der Apostel Paulus war sich
dieser starken Verbindung zu Gott sicher, als er die Untrenn-
barkeit von der Liebe Gottes beschrieb (Römer 8,35-39).

Eines haben nicht nur diese exemplarisch ausgewählten
biblischen Belege, sondern auch andere biblischen Aussagen
über die Abhängigkeit des Menschen von Gott gemeinsam:
Sie wird als etwas Positives beschrieben, das dem Menschen
nutzt und ihn entlastet. Der Mensch muss die Nöte, die das
Leben mit sich bringt, nicht alleine tragen. Er kann sie an Gott
abgeben und Entlastung erfahren. Diese Entlastung ist nicht
immer ein Herausgenommen-Werden aus schwierigen Lebensumständen und Situationen. Aber sie bedeutet, auch in
Schwierigkeiten der Nähe Gottes und der Abhängigkeit von
ihm gewiss zu sein. Sie kann auch heißen, in schweren Momenten nicht alleine sein zu müssen, sondern von anderen
Menschen, die hilfreich zur Seite stehen, begleitet und mit getragen zu werden.

Christen haben in der Geschichte einen weiteren Einwand
gegen eine völlige Autonomie des Menschen am Ende des Le-

bens vorgebracht. Darf der Mensch über sein Leben und damit auch dessen Ende überhaupt frei verfügen?

Wie schon erwähnt wurde im christlichen Kulturkreis das Leben als ein Geschenk Gottes verstanden. Damit war der Gedanke verbunden, dass Gott es ist, der diesem Leben eine bestimmte Spanne zumisst. Dies gilt nicht nur für den Anfang des Lebens (Beispiele finden sich u.a. in Hiob 33,4; Psalm 119,73; 139,13-16), sondern auch für dessen Ende (z. B. in Psalm 90,3; Prediger 7,17; Matthäus 6,27). Auch in den Berichten über das Leben Jesu ist immer wieder davon die Rede, dass seine Todes-„Stunde" noch nicht gekommen sei. Selbst der Sohn Gottes überließ diesen Zeitpunkt allein dem Willen des Vaters. Das hat Beispielcharakter für uns Menschen. Daraus ergibt sich, dass Leben und Sterben des Menschen letztlich in der Hand seines Schöpfers liegen.

Leben ist Geschenk. Der Theologe Jan Jans vergleicht das Leben mit seinem Ehering. Dieser Ring gehört zwar ihm und er könnte ihn wegwerfen, wenn er wollte. Er wird dies aber niemals tun, weil der Ring von jemand Besonderem stammt, zu dem er in einer besonderen Beziehung steht. So liegt – nach Jans – zwar die Verantwortung für das Leben in unserer Hand, nicht aber die unbegrenzte Verfügungsgewalt darüber. Wenn jeder Mensch tatsächlich in einem Bezug zu Gott steht, kann er nicht über das Geschenk des Lebens frei verfügen.

Nach christlichem Verständnis heißt das nicht, dass der Mensch überhaupt keine freie Entscheidung treffen könnte oder eine willenlose Marionette sei. Gott hat den Menschen zwar in Abhängigkeit von und zu ihm geschaffen, aber er hat ihm einen großen Handlungsfreiraum eingeräumt. Ohne diese Freiheit wären die Gebote des Alten Testaments und auch deren Bekräftigung durch Jesus im Neuen Testament sinnlos. Wir wären dann nicht für unsere Entscheidungen und unser Handeln verantwortlich und hätten demnach keine Konsequenzen zu befürchten. Demgegenüber enthält die Bibel deutliche Hinweise darauf, dass der Mensch sich einmal vor Gott verantworten muss (Matthäus 25,31-46; Römer 14,10; 2. Korinther 5,10).

Worin besteht dann aber die Freiheit der eigenen Lebensgestaltung? Sie besteht nicht zwingend im freien Wählen können zwischen völlig beliebigen Handlungsvarianten. Sie besteht auch nicht im „Tun und Lassen können was man will". Der Ethiker Eberhard Schockenhoff bringt das treffend auf den Punkt: Freiheit im christlichen Sinne heißt, das Leben nach seiner Bestimmung und seinem Wesen zu führen. Anders ausgedrückt: Freiheit heißt nach christlichem Verständnis, das Leben nach Gottes Bestimmung zu leben und sich bewusst dafür zu entscheiden. So kann man in Abhängigkeit von Gottes Plänen in Freiheit, Verantwortung und Würde sein Leben gestalten.

Die völlige Autonomie des Menschen ist demgegenüber eine Illusion. Das besagt schon das Wort „Autonomie" als solches: Die Übersetzung dieser griechischen Begriffe lautet: „Sich selbst Gesetz sein." Der Mensch wäre demnach ein Sklave seiner selbst, seinen Wünschen, Trieben und Zwängen hilflos ausgeliefert, in seiner eigenen Natur gefangen und würde gegen seine Bestimmung leben.

Was folgt aus diesen Überlegungen nun konkret für das Thema der aktiven Sterbehilfe? Zunächst einmal der Wunsch, dass Menschen sich in schweren Situationen nicht aufgeben sollen und Menschen mit Schmerzen, Behinderungen und schweren Krankheiten den Mut für ein „Ja" zum Leben finden. Diese Bejahung des Lebens wird gestützt durch die Gewissheit, dass das Leben in der Abhängigkeit von Gott und an seiner Hand gelebt werden kann.

Es ist dennoch nur allzu verständlich, wenn Menschen in schwierigen Momenten an den Grenzen des Lebens den

Wunsch verspüren, es möge „einfach vorbei sein". Der Wunsch als solcher ist über jedes Urteil erhaben. Er muss im Respekt vor der Würde des Gegenübers toleriert werden. Aber im Bewusstsein der Verantwortung vor Gott sollte dieser Wunsch nicht in die Tat umgesetzt werden. In diesen Situationen ist es vor allen Dingen nötig, betroffene Patienten zu unterstützen und zu begleiten. Den Patienten sollte durch eine gute und transparente Betreuung in allen Belangen die Angst vor dem Lebensende genommen werden. Der Verlust der Selbstständigkeit am Lebensende kann dann getrost angenommen und zu einem „Ja" zur eigenen Bestimmung umgewandelt werden.

Selbstverständlich selbstständig? So selbstverständlich, wie das Selbstbestimmungsrecht des Patienten erscheint, ist es nicht. Die Freiheit von uns Menschen ist nicht grenzenlos. Sie braucht einen Rahmen, um wirkliche Freiheit zu sein. Aktive Sterbehilfe setzt sich über diesen Rahmen hinweg. Sie ist damit ein großes Missverständnis, weil sie Autonomie mit grenzenloser Freiheit verwechselt. Die Realität des Lebens sieht jedoch anders aus.

Von der Unbedenklichkeit des Tötens: Folgen für Ärzte und Angehörige

Der Wunsch nach aktiver Sterbehilfe hat immer Folgen, nicht nur für den darum Bittenden, sondern auch für viele andere Personen im Umfeld des Geschehens. Über diese Folgen lohnt es sich nachzudenken, auch wenn aktive Sterbehilfe in Deutschland noch nicht legalisiert ist.

Zunächst einmal hat eine Entscheidung pro aktive Sterbehilfe natürlich unmittelbare Auswirkungen auf den Betroffenen, der diesen Entschluss gefasst hat. Niemand außer dem Patienten kann ermessen, was er während des Entscheidungsprozesses für Sorgen, Zweifel und Gewissenskonflikte mit sich selbst und vielleicht auch mit seinem Umfeld auszutragen hatte. Es kostet Überwindung, diese Entscheidung gegenüber Ärzten, Pflegern und Angehörigen zu äußern. Nicht zuletzt muss Widerstand überwunden werden, auf den man bei der gegenwärtigen Gesetzeslage in Deutschland stößt. Hinzu kommen Gedanken und Sorgen um die Angehörigen. Wie werden sie es aufnehmen und verarbeiten, wenn aus dem Todeswunsch Wirklichkeit wird? Die Sorgen um nahestehende Menschen, die man zurücklassen wird, sowie das Verantwortungsbewusstsein ihnen gegenüber können so manchen bereits getroffenen Entschluss „pro Tod" wieder ins Wanken geraten lassen.

Denn die Angehörigen, die Familien und Freunde der Patienten, sind in einer ganz besonders schwierigen Lage. Unter Umständen fühlen sie sich wie zwischen allen Stühlen, und dies völlig zu Recht. Einerseits hat man Verständnis und tiefes Mitleid mit einem geliebten Menschen, der auf Grund seiner Lebensumstände in eine Situation voller Leid, Schmerzen und Einschränkungen geraten ist. Je nach seinen Bedürfnissen ist er auch auf gezielte seelsorgerliche, psychologische und spirituelle Betreuung angewiesen, um an der mitunter unerträglich erscheinenden Lage nicht vollends zu verzweifeln.

All dies sehen die Angehörigen, und es tut ihnen weh. Es ist bedrückend, einen vormals vitalen und lebenslustigen Menschen hilflos und leidend sehen zu müssen. Es löst Beklemmungen und unter Umständen auch ein schlechtes Gewissen aus, mehr oder weniger „nur" hilf- und tatenlos dastehen zu müssen.

Auf der anderen Seite kommen bei vielen Angehörigen Zweifel auf. Wird sich der Angehörige nicht fragen, ob seine

Begleitung unzureichend oder nicht hilfreich ist? Wie soll er sich verhalten, wenn der Sterbewunsch des Angehörigen nicht auf seine Zustimmung trifft? Soll er – bei allem Verständnis für die schwierige Lage des Patienten – diesen ermutigen, trotzdem seinen Todeswunsch zu verfolgen und nach dessen Umsetzung zu streben? Oder soll er davon abraten und ihn gegebenenfalls auch praktisch von der Durchführung abhalten? Ein zutiefst menschliches Dilemma, das Angehörige zerreißen kann.

Diese Gefühlslagen sind von Angehörigen der Patienten, die aktive Sterbehilfe im Ausland in Anspruch genommen haben, häufig geäußert worden. Egal, wie der Angehörige hier berät, es wird Konsequenzen haben. Rät er ab, sieht er den Patienten unter Umständen weiter leiden. Rät er zu, wird ihn vielleicht der Gedanke an eine Mitschuld am Tod des Patienten verfolgen oder daran, „es" nicht verhindert oder konsequent genug aufgehalten zu haben. Ganz gleich, in welche Richtung der Angehörige sich entscheidet: Der Druck, der in diesem Prozess auf ihm lastet, ist enorm. Eine Entscheidung über Leben und Tod ist nicht einfach oder schnell getroffen. Die Frage ist daher, ob dieser Druck den Angehörigen überhaupt zugemutet werden kann oder ob es nicht eine Möglichkeit gibt, diesen zu lindern und zu entschärfen.

Zum Beispiel durch eine stärkere Einbeziehung der Ärzte in diesen Prozess. Wobei zu berücksichtigen ist, dass auf dem behandelnden Arzt ohnehin schon der vielleicht stärkste Druck lastet. Denn er hat oft als Einziger die medizinische Kompetenz. Er verfügt über die Erfahrung, Prognosen zu treffen, die über die Zukunft des Patienten entscheiden. Er verfügt über das medizinische Fachwissen, um Patienten und Angehörige über alternative Behandlungsmethoden, wie z. B. Palliativmedizin, zu informieren. Der Arzt kann und soll aber nicht nur medizinisch helfen, er muss auch beraten und in diesen schweren Abwägungsprozessen unterstützend zur Seite stehen. Dazu ist Vertrauen notwendig. Und zwar von allen Beteiligten. Vertrauen von Seiten des Arztes in den Patienten und die Angehörigen, dass sein Können und sein Wissen geschätzt und seine Ratschläge ernst genommen und umgesetzt werden. Vertrauen von Betroffenen und Angehörigen, dass der Arzt sich dem speziellen Einzelfall mit ganzer Aufmerksamkeit zuwendet und all sein Können und Wissen aufbietet, um dem konkreten Patienten bestmöglich zu raten und zu helfen. Ein Arzt, der das Vertrauen der Patienten und Angehörigen spürt, wird diesen wiederum das Gefühl vermitteln, gut aufgehoben und in guten Händen zu sein. Hier kann sich ein Kreislauf zum beiderseitigen Nutzen entwickeln.

Wenn ein solches Vertrauensverhältnis besteht, dann kann der Arzt durch seinen Rat viel bewirken. Eine klare Ansage von seiner Seite kann Druck von Patienten und Angehörigen nehmen, selbst schwierige Entscheidungen treffen zu müssen. Außerdem nimmt es ihnen die Angst vor den Konsequenzen dieser Entscheidungen. Ein Arzt, der entschlossen und aktiv voran geht und seine Patienten ermutigt, sich palliativ versorgen zu lassen, zeigt Alternativen auf, um die Entscheidung für aktive Sterbehilfe zu vermeiden. So kann viel Gewicht von den Schultern der Patienten und ihrer Angehörigen genommen werden.

Dennoch bleibt ein Großteil des Drucks für den Arzt bestehen. Wie er auch entscheidet, jeder Entschluss kann Angriffsflächen für Kritik bieten. Entscheidet er sich für die Ablehnung eines Sterbewunsches – nach aktueller Gesetzeslage die einzige Alternative –, muss er sich unter Umständen den Vorwurf gefallen lassen, unmenschlich gehandelt zu haben. Die Kritik durch Sterbehilfebefürworter, unter Umständen auch von Angehörigen und womöglich auch den Patienten selbst, wird nicht lange auf sich warten lassen.

Dabei hält sich der Arzt mit seiner Ablehnung des Sterbewunsches nur an die berufsethischen Richtlinien, denen er als
Mediziner verpflichtet ist. Der Arzt hat die Pflicht, das Leben
des Patienten zu erhalten, nicht es zu zerstören oder vorzeitig
zu beenden. Er steht damit in der Tradition des ältesten über-
lieferten medizinischen Berufsethos, dem hippokratischen
Eid, in dem es heißt: „Ich werde niemanden, nicht einmal auf
ausdrückliches Verlangen, ein tödliches Medikament geben,
und ich werde auch keinen entsprechenden Rat erteilen." Die
Mehrheit der Ärzte teilt heute noch diese ethischen Grundsätze, auch wenn sie nicht mehr verpflichtet sind.

Würde der Arzt sich für aktive Sterbehilfe entscheiden,
macht er sich in Deutschland nicht nur strafbar, sondern würde in einem Dilemma stecken: Einerseits dem Leben verpflichtet auf Grund seiner berufsethischen Überzeugungen,
andererseits wird er „Handlanger des Todes". Gleiches gilt für
das Pflegepersonal, dessen Gewissensnöte nicht kleiner wären
als die der Ärzte. Und selbst Pharmazeuten würden gezwungen, tödliche Präparate für die aktive Sterbehilfe zur Verfügung zu stellen. Unter Umständen gäbe es sogar Arzneimit-
telfirmen, die solche Präparate herstellen müssten.

Dagegen kann man einwenden, dass selbst im Falle einer
Legalisierung aktiver Sterbehilfe kein Arzt gezwungen werden kann, einen Menschen zu töten. Aber auch so etwas muss
realistisch gesehen werden. Ein Arzt, der in einem solchen
Falle den Wunsch nach aktiver Sterbehilfe ablehnt, kommt
unter Begründungszwang. Er sieht sich plötzlich in einer Ver-
teidigungshaltung, weil er in diesem Fall das Recht eines Patienten nicht umsetzt. Er, der doch eigentlich als Vertrauensperson das Wohl des Patienten im Auge hat, verweigert sich.
Werden die Ärzte, die Sterbehilfe aus Überzeugung ablehnen,
unter diesem Druck dauerhaft standhaft bleiben können, ohne
dass das Vertrauensverhältnis zum Patienten darunter leidet?

Wie sähe die Situation aus, wenn nicht das niederländische Modell der „Tötung auf Verlangen", sondern das Schweizer Modell des „ärztlich assistierten Suizids" zur Anwendung käme? Auch hier wird der Arzt, ganz gleich wie klein sein Beitrag auch sein mag, zum Gehilfen und Handlanger des Todes. Ihm wird letztlich die Entscheidung über ein Menschenleben aufgezwungen und damit auch die Verantwortung für dessen Ende. Denn der Arzt ist immer entscheidend beteiligt, gleichgültig, ob er nur die richtige Dosierung des tödlichen Medikaments bemisst oder ob er es auch eigenhändig verabreicht. Selbst mit der im März 2008 in Hamburg vorgestellten „Tötungsmaschine" des Juristen Roger Kusch ist der Arzt nicht von seiner „Mittäterschaft" befreit. Er muss den Zugang zur Vene legen, damit später das Medikament fließen kann.

Egal wie man es dreht und wendet: Der Arzt ist bei einer Tötung in welcher Form auch immer beteiligt. Er würde den Weg ebnen, damit ein Leben enden kann und der Tod eintritt. Aktive Sterbehilfe hat Folgen – vor allem für die Ärzte.

„Tötung auf Verlangen" und „ärztlich assistierter Suizid" haben auch etwas mit der christlichen Ethik zu tun. Die Tötung eines Menschen wird mehrfach in der Bibel scharf verurteilt. Die bekannteste Stelle ist das Tötungsverbot innerhalb der Zehn Gebote. Auch in anderen Gesetzestexten des Mose wird geplantes, vorbereitetes Töten eindeutig unter Strafe gestellt. Nur das unbeabsichtigte Töten eines Menschen, etwa bei einem Unfall, wird von harten Strafregelungen ausgenommen. Dem Täter wird in diesem Fall an einem sicheren Ort Straffreiheit gewährt. Auch Jesus greift das Verbot des Tötens im Neuen Testament wieder auf. Im Rahmen der Bergpredigt und auch zu anderen Lehrgelegenheiten bekräftigt und unterstreicht er das Tötungsverbot (Matthäus 5,21-22; 19,17-18). Festzuhalten bleibt: Das vorsätzliche Töten eines Menschen ist aus biblischer Sicht nicht zu verantworten, geschweige denn in irgendeiner Form gut zu heißen oder zu tolerieren. Der Grund liegt darin, dass nach christlichem Verständnis das Leben von Gott kommt und nur von ihm wieder genommen werden darf. Das Tötungsverbot ist dabei ein generelles Gebot, das auch die Selbsttötung mit einbezieht. Es gibt in der Bibel nur wenige Schilderungen, die den Suizid betreffen, aber eines haben sie gemeinsam: Er wird durchweg negativ dargestellt (1. Samuel 31,3-5; 2. Samuel 17,23; 1. Könige 16,18; Matthäus 27,5). Somit ist aus biblischer Sicht Suizid keine „Erlösung" oder kein „Ausweg", selbst wenn man angesichts der Verzweiflung der Betroffenen Verständnis für die Entscheidung haben kann.

Wie schon angesprochen, stehen beim Wunsch nach aktiver Sterbehilfe alle Beteiligten unter einem enormen Druck. Auf den Sterbewilligen, den Ärzten, dem Pflegepersonal und den Angehörigen liegen große Belastungen. Der Sterbewillige steht eben nicht allein mit seiner Entscheidung. Es wäre eine Illusion zu denken, nur ihn beträfe dieser Entschluss. Viele Menschen müssen mit den Konsequenzen solcher Entscheidungen leben – zum Guten oder zum Schlechten.

Auf diesem Hintergrund ein klares „Nein" zu aktiver Sterbehilfe zu finden und dazu zu stehen, erfordert viel Mut und vor allem die Bereitschaft, sich auf einen mitunter aufwändigen Weg der Sterbebegleitung einzulassen.

„Beautiful World"?
Auf dem Weg zu einer neuen Leidkultur

Wie geht man mit der Aussicht auf mögliches Leiden und mögliche Schmerzen um? Diese Frage ist eine der zentralsten, wenn es um die Betrachtung und Bewertung aktiver Sterbehilfe geht. Eine Antwort darauf zu suchen hat viel mit unserer Einstellung und Mentalität zu tun.

Grundsätzlich lässt sich beobachten: Wir haben es verlernt, mit Leid umzugehen und Leid zu ertragen. Dabei gibt es zwei Möglichkeiten, wie sich dieses Phänomen äußert. Die erste ist das Wegsehen. Was uns unangenehm ist, blenden wir gerne aus. Wir nehmen es nicht wahr, wir verdrängen es vielleicht sogar bewusst. Aber ganz so einfach ist das nicht. Wegsehen kann man nur, solange es das eigene Lebensumfeld nicht unmittelbar betrifft. Aber wenn uns selbst oder Menschen, die uns nahe stehen, Leid widerfährt, ist es mit dem Wegsehen vorbei. Der Blick auf das Leiden wird zusätzlich erschwert, wenn das Leiden neu und ungewohnt ist. Dann tritt zum Leiden die Angst vor dem Leid, vielleicht auch vor dem Sterben. Die Furcht vor Leid und Krankheit ist ab einem bestimmten Punkt größer als die Furcht vor dem Tod selbst. An diesem Wendepunkt entsteht oft der Wunsch nach aktiver Sterbehilfe oder assistiertem Suizid, um dem Leiden zu entfliehen.

Aber gibt es ein Recht auf ein leidfreies Leben? Genau so wie das Leben als solches nicht beliebig verfügbar ist, genau so wenig lässt sich Lebensglück, Gesundheit oder ein leid- und beschwerdefreies Leben erzwingen. Selbst Christen wissen: Auch ein Leben mit Gott bewahrt nicht immer vor Leid und vor schweren Zeiten. Gerade weil wir keine Garantie auf ein leidfreies Leben haben, müssen wir Leid, Krankheit und als Konsequenz dessen auch den Tod als unvermeidlichen Teil des Lebens einkalkulieren, nicht nur im eigenen Leben, sondern auch im Leben der Mitmenschen.

Welche Schlüsse und Konsequenzen sind daraus zu ziehen? Zuerst brauchen wir ein neues Bewusstsein für die Realitäten des Lebens. Realität ist, dass Leid, Krankheit und Schmerzen zu unserem Leben gehören. Es ist besser, den Realitäten ins Auge zu sehen, als vor ihnen davon zu laufen. Dann benötigen wir eine neue Bereitschaft zu leiden und zum „mit-leiden". Dabei geht es nicht um eine Werbung für ein dauerndes Märtyrium. Es geht vielmehr um die Bereitschaft, Leid anzunehmen, wenn es die aktuellen Lebensumstände mit sich bringen. Es geht um ein „Ja" zu den momentanen Umständen des Lebens. Genauso ist es auch mit dem „Mitleiden". Die Bereitschaft dazu nimmt in unserer Gesellschaft eher ab, als zu. Echte Bereitschaft zum Teilen von Leid ist absolut notwendig und kann zur Linderung von Angst, Mutlosigkeit und Einsamkeit führen – genau das, was Menschen in Not wirklich brauchen.

Daraus folgt auch ein interessanter Umkehrschluss: Dass „Töten aus Mitleid" nicht wirklich ein „Töten aus Mitleid" ist. Es ist vielmehr oft ein Töten aus verweigertem Mitleiden. Man kann selbst nicht mehr mit der Krankheit des anderen umgehen und fordert ausgesprochen oder unausgesprochen eine „Erlösung". Manchmal sind es die Angehörigen, die den Arzt auffordern, dem Leiden doch endlich ein Ende zu setzen. Hat das etwas mit „Mitleid" zu tun? Wenn das Töten eines Menschen für unbedenklicher erachtet wird als das Sich-mit-Hineinbegeben in sein Elend, wird der Begriff „Mitleid" in sein Gegenteil verkehrt. Was – so kann man hier berechtigt fragen – ist wohl der größere „Akt der Menschlichkeit"?

Auch zum Thema Leid, Leidensbereitschaft und Mitleid hat der christliche Glaube Wichtiges zu sagen. Die Bibel verschweigt den Aspekt des Leidens nicht. Immer wieder begegnen uns in der Bibel Menschen, die mit schlimmem Leid konfrontiert werden. Ein klassisches Beispiel ist Hiob. Er litt unter seiner Krankheit und seinen Schmerzen, bis auch er einen intensiven Todeswunsch verspürte (Hiob 3,11-23). Die Bibel gibt aber auch konkrete Hinweise zum Umgang damit: In jeder Situation, in allen Stürmen und Widrigkeiten des Lebens, kann der Mensch sein Vertrauen auf Gott richten (Psalm 37,5; 68,20; 139,16; 1. Petrus 5,7). Auch Jesus erneuert im Neuen Testament die Zusage, in schweren Zeiten ein Beistand zu sein (Matthäus 11,28; 28,20b), aber er ruft auch die Tatsache ins Gedächtnis, dass Leid einfach zum Leben des Menschen dazu gehören (Matthäus 10,38; 16,24).

Besonders interessant ist an diesen beiden Stellen, dass Jesus nicht sagt: „... der nehme *mein* Kreuz auf sich ...", sondern: „... der nehme *sein* Kreuz auf sich ..." Dies schließt auch die Widrigkeiten des Lebens ein. Dadurch wird deutlich, dass Leiden so persönlich ist wie das Leben selbst. Jeder soll bereit sein, das zu (er-)tragen, was ihm persönlich zugemessen und zugemutet wird. Aber er soll dabei nicht nur auf sich schauen. Auch die Bereitschaft zum Aufeinander-Achten und zum konkreten Mitleiden wird in der Bibel mehrfach zum Ausdruck gebracht. Damit wird bekräftigt, dass der Leidende und der Begleitende aufeinander bezogen sind. Der eine soll sein Leid ertragen, der andere soll ihm dabei eine Hilfe sein und mit-leiden.

Vor allem aber wird in der Bibel ein tiefes Verständnis von Seiten Gottes für den Menschen in seinem Leid deutlich. Jesus selbst sagte: „In der Welt habt ihr Angst; aber seid getrost, ich habe die Welt überwunden" (Johannes 16,33b). Jesus wusste, wovon er sprach. Er selbst hatte existentielle Ängste. Aber er entzog sich nicht seiner Bestimmung, sondern ertrug es bis zum Ende. Darin ist er bis heute unbestritten ein Vorbild. Er lebte die heute notwendige Leidkultur vor.

4. PRAKTISCHE HILFEN UND EINZELFRAGEN

Vom Umgang mit Schwerkranken, Alten und Sterbenden

An dieser Stelle geht es um Überlegungen und Anregungen, wie ein guter und lebensbejahender Umgang mit Schwerkranken, Sterbenden und ihren Angehörigen aussehen kann, damit der Wunsch nach aktiver Sterbehilfe gar nicht erst aufkommt. Es handelt sich um allgemeine Hinweise, die je nach Einzelfall und den gebotenen äußeren Umständen ergänzt und angepasst werden müssen. Diese generellen Hinweise könnte man unter dem Oberbegriff „ganzheitliche Betreuung" oder „ganzheitliche Begleitung" zusammenfassen. Sie beschreiben einen Idealzustand, der nicht in jeder Lage umgesetzt werden kann. Trotzdem sollten sich Ärzte, Pflegepersonal, Angehörige und Seelsorger darum bemühen, diesem Ideal nahe zu kommen.

Dialog suchen

Die erste entscheidende Frage lautet: Welche Personen sind von der ganzheitlichen Betreuung betroffen oder sollen in dieses Konzept integriert werden? Dieser Kreis kann sich unter Umständen unterschiedlich zusammensetzen.

Zunächst einmal gehört ihm natürlich der Patient an. Er ist das Hauptziel oder besser der Hauptempfänger der Betreuung. Ebenso sollten diesem Personenkreis auch die engsten

Angehörigen wie Ehepartner, gegebenenfalls Eltern und/oder Kinder zugerechnet werden. Dazu gehören sollte der betreuende Arzt / die betreuenden Ärzte und auch Vertreter des Pflegepersonals. Zur Unterstützung des Patienten und der Angehörigen ist auch die Einbeziehung eines geistlichen Beistandes in Form des Pfarrers, Pastors oder Seelsorgers zu empfehlen.

Das grundlegende Kriterium zum Gelingen des „Gesamtkonstruktes" ganzheitlicher Betreuung ist der Dialog. Immer wieder, in regelmäßigen (kurzen!) Abständen, sollten die beteiligten Personen das Gespräch miteinander suchen. Die Gesamtentwicklung des Patienten gehört ebenso auf die Tagesordnung solcher Besprechungen wie die verbleibenden medizinischen und pflegerischen Möglichkeiten. Es sollte gemeinsam erörtert werden, welche Schritte als Nächstes für den Patienten vorgesehen sind und wer ihn bei diesen Schritten in welcher Form begleitet. Ziel dieses Handelns ist ein regelmäßiger und schneller Austausch von relevanten Informationen zwischen allen Beteiligten und damit verbunden ein Höchstmaß an Transparenz für alle Beteiligten. So bekommt jeder das Gefühl vermittelt, nicht außen vor zu sein. Vor allem weiß der Patient, dass wichtige Entscheidungen nicht hinter seinem Rücken getroffen werden.

Dies gilt natürlich in erster Linie für den Fall, dass der Patient aufnahme- und äußerungsfähig ist. Trifft dies nicht zu, ist ein offener, von medizinischer Seite kompetent geführter Dialog besonders für die nahen Angehörigen wichtig, um sie von der Last zu befreien, wichtige Entscheidungen alleine oder nicht umfassend genug beraten treffen zu müssen. Andererseits ist es für Ärzte und Pfleger entlastend, wenn die wichtigen Informationen direkt zu Patienten und Angehörigen gelangen und diese sich stets auf dem aktuellen Stand befinden. Sie fühlen sich dadurch ernst genommen und mit einbezogen.

Für den geistlichen Betreuer ist es von Vorteil, alle Informationen aus erster Hand zu bekommen und in Folge dessen ein dem Entwicklungsverlauf angemessenes Begleitungs- und Seelsorgekonzept erarbeiten zu können.

Vertrauen aufbauen

Damit ein guter und offener Dialog gelingen und für die Beteiligten fruchtbar gemacht werden kann, ist der Aufbau einer vertrauensvollen Basis zwischen den Parteien notwendig. Die Basis des Vertrauens ist eine grundsätzliche Offenheit untereinander. Sie erfordert die Bereitschaft von Patienten, ohne Scheu über ihre Ängste, ihre Verzweiflung und auch über ihre Hilflosigkeit angesichts der schweren Situation zu sprechen. Es erfordert die Bereitschaft von Ärzten und Pflegern, ehrlich, ungeschönt, aber nicht verletzend über den Zustand des Patienten zu sprechen und dabei auch negative Entwicklungen und Prognosen nicht zu verschweigen. Ziel dieses Handelns ist das Schaffen einer Atmosphäre, in der trotz der Schwere des Themas so entspannt wie möglich miteinander umgegangen werden kann. Dieser Umgang beinhaltet Ehrlichkeit und vor allem Respekt vor dem Gegenüber und führt dazu, dass die beteiligten Parteien einander mit dem Respekt und der Würde behandeln, die sie verdienen.

Dazu gehört, dass niemand dem anderen etwas vormacht. Der Patient versucht nicht, seine Ängste und seine Zweifel zu verbergen. Die Angehörigen und Freunde stehen zu ihrer Hilflosigkeit angesichts des Leides. Die Ärzte gehen offen mit möglichen Unsicherheiten in medizinischen Fragen um. Und auch die geistlichen Begleiter versuchen nicht, ihre mögliche Rat- und Wortlosigkeit zu verbergen.

Dabei geht es nicht um eine belastende Emotionalität der

Situation, die die Probleme nur vertieft. Wer die Situation Schwerstkranker nur noch dadurch verschärft, dass man ihm eigene Lasten zusätzlich auferlegt, ist keine Hilfe. Kranke sollen entlastet werden, nicht belastet. Das hindert aber nicht daran, im guten Sinne mitzuleiden, in dem man sich mit hinein gibt in die leidvolle Situation des anderen. Man trägt gemeinsam und kann deshalb auch seine Gefühle miteinander teilen.

Dieser Schritt erfordert von allen Beteiligten viel Mut. Der Sinn dahinter ist jedoch einleuchtend: Diese Sensibilität hilft allen Beteiligten, mit der belastenden Situation fertig zu werden und das Wohl des Patienten zu fördern.

Verständnis entwickeln

Wenn die Bereitschaft zur Offenheit und zum vertrauensvollen Dialog vorhanden ist, entsteht ein Beziehungsgeflecht. Wenn es gut funktioniert, wächst auch das Verständnis füreinander und für die jeweilige Position des anderen.

Darin eingeschlossen ist auch ein Verständnis für die Beweggründe, die die einzelnen Beteiligten in ihrem Denken und Handeln antreiben. Selbst wenn manche Motivation oder Position nicht von allen anderen geteilt werden können, ist der Vertrauensrahmen geschaffen, darüber offen zu sprechen. Wenn ein solcher Fall auftritt, ergibt sich daraus die Frage, wie die anderen beteiligten Personen damit umgehen sollen.

Ein konkretes Beispiel soll an dieser Stelle zur Veranschaulichung dienen. Angenommen, ein Patient äußert wiederholt den Wunsch nach aktiver Sterbehilfe, wie können die anderen beteiligten Personen reagieren?

Zunächst einmal ist wichtig, den Wunsch des Patienten ernst zu nehmen. Der Betroffene bildet sich diesen Wunsch in der Regel nicht ein. Es ist ihm ein reelles und unter Umständen dringendes Anliegen. Der Wunsch als solcher sollte daher nicht von vornherein entrüstet verurteilt oder ignoriert werden. Das Vorgehen muss anders aussehen. Es sollte möglichst schnell und umfassend der Dialog mit dem Patienten gesucht werden. Wer diesen Dialog führt, der Arzt, der Seelsorger, oder gleich eine größere Gruppe mit Arzt, Seelsorger, Angehörigen und Pflegern, muss je nach Einzelfall und auch nach Belastbarkeit des Patienten entschieden werden.

Dann muss nach der Motivation gefragt werden, die diesen Sterbewunsch bedingt. Sind es die Schmerzen oder der allgemeine Krankheitsverlauf? Ist es die Hoffnungslosigkeit angesichts der Diagnose? Angst? Einsamkeit oder das Gefühl, unzureichend betreut und begleitet zu sein? Hier gilt es sorgfältig zu analysieren, wo die Gründe liegen. Auch an dieser Stelle gilt: Die Äußerungen des Patienten sind unbedingt ernst zu nehmen.

Der über einen längeren Zeitraum wiederholt geäußerte Sterbewunsch ist meist ein Hilferuf. Deshalb gilt es herauszufinden, welche Hilfe der Patient sich *wirklich* wünscht beziehungsweise was er existenziell in seiner jeweiligen Situation braucht.

Die Ursache zu erforschen ist aber nur der erste Schritt. Der zweite ist die Entwicklung von Verständnis. Hierbei geht es um mehr als nur ein bloßes Wahrnehmen eines Wunsches oder eine aus Verlegenheit eilig im Vorbeigehen geäußerte Verständnisbekundung, die lediglich der kurzfristigen Vertröstung dient. Dem Patienten ist es ernst mit dem, was er äußert. Er tut dies nicht leichtfertig oder ohne Bedacht. Genauso sollte man sein Anliegen auch behandeln und im gemeinsamen Gespräch mit ihm überlegen, inwieweit man seinem eigentlichen Anliegen nachkommen kann und welche Hilfsmaßnahmen und Personen dazu nötig sind.

Wenn sich herausstellt, dass der Sterbewunsch sich durch eine intensivere Betreuung zerstreuen lässt, müssen alle notwendigen Maßnahmen dazu ergriffen werden. Zusätzlich sollte dem Patienten neuer Mut zum Leben vermittelt werden. Dabei ist es hilfreich, wenn alle beteiligten Parteien von Anfang an am selben Strang ziehen und gemeinsam alles dafür tun, den Patienten bestmöglich zu unterstützen. So kann aus dem anfänglichen Hinterfragen von Gründen und Motiven und dem daraus resultierenden wachsenden Verständnis für die Lage des Patienten ein konkretes Helfen und Handeln zum Wohle des Patienten werden. Auf diesen Punkt wird etwas später noch einmal separat eingegangen werden.

Es bleibt noch die Frage zu bedenken, was passiert, wenn der Patient von seinem Sterbewunsch nicht abweicht und weiterhin um seine Tötung oder um Beihilfe zur Selbsttötung ersucht. Obwohl diese Situation für alle Beteiligten ungleich schwerer ist, muss an dieser Stelle deutlich für das Leben plädiert werden. Auch hier liegt der Schlüssel im Dialog. Der Arzt kann dem Patienten und dessen Angehörigen erläutern, warum er seinem Wunsch nicht nachkommen kann und darf, obwohl er ihn ernst nimmt und auch durchaus versteht. Ebenso kann er – wenn auch nicht Hilfe zum Sterben – doch in jedem Fall Hilfe zum Leben anbieten. Zum Beispiel Hilfe in Form einer anderen Medikation, unter Umständen auch in Form „palliativer Sedierung", oder Hilfe in Form eines Gesprächs, Nähe und Beistand. Hier sind auch Angehörige, Pflegepersonal und geistliche Begleiter gefragt, einen wichtigen Beitrag zum Wohlergehen des Sterbewilligen zu leisten, auch wenn dies kein einfacher Weg ist und einen höheren Preis fordert als nur die investierte Zeit.

Ängsten begegnen

Eine der fundamentalen Ursachen für den Wunsch nach aktiver Sterbehilfe ist die Angst vor Leiden, Schmerzen und Tod, sowohl bei den Patienten selbst als auch bei den Menschen, die ihnen nahe stehen. Aber auch die Ärzte müssen im Umgang mit Schwerkranken und Sterbenden mit Ängsten umgehen, zum Beispiel mit der Angst, eine falsche Entscheidung zu treffen oder dem Patienten oder seinen Angehörigen zu einer falschen Entscheidung zu raten. Dahinter kann auch die Angst vor juristischen Konsequenzen seiner Entscheidung stehen. Ebenso müssen sich Seelsorger oder andere geistliche Begleiter mit ihren Ängsten auseinandersetzen, zum Beispiel mit der Angst, nicht das richtige oder gar kein Wort zu finden. Auch die Angehörigen haben in diesem Prozess mit Ängsten zu kämpfen: die Angst, einen geliebten Menschen leiden zu sehen oder zu verlieren. Oder die Angst, er könne in seinem pflegerischen Umfeld nicht in guten Händen sein. Vielleicht geht es auch um die Angst, ihm zu wenig beistehen zu können oder zu wenig zu tun. Letztlich ist es die Angst vor der eigenen Hilflosigkeit.

Aber natürlich ist es der Patient selbst, der im Fokus steht. Auf ihn stürzen nicht nur die eigenen, sondern auch die Ängste der Umgebung ein. Seine eigenen Ängste vor Schmerzen, vor einer Verschlimmerung der Krankheit oder Behinderung, vor dem Tod oder dem Sterben sind offensichtlich. Hinzu tritt manchmal auch die Angst vor Einsamkeit, vor unzureichender oder falscher medizinischer Behandlung, davor, von anderen abhängig zu sein oder anderen zur Last zu fallen. Schwerkranke und Sterbende mit ihrem gesamten Umfeld können einer Vielzahl von Ängsten ausgesetzt sein.

Diese Ängste dürfen von niemandem verdrängt werden. Die Überwindung kann im Rahmen einer ganzheitlichen Betreuung gelingen – miteinander und gegenseitig. Miteinander heißt konkret, miteinander im Gespräch zu sein. Wenn die Bereitschaft zum Dialog, das nötige Vertrauen und das gegenseitige Verständnis vorhanden sind, kann von allen Parteien auch über Ängste offen gesprochen werden. Wenn die Ängste erst einmal benannt wurden, kann man ihnen gemeinsam begegnen, zum Beispiel in Form von gegenseitiger Ermutigung. Hier sind alle Beteiligten gefragt, wobei die Linderung der Ängste des Patienten natürlich im Vordergrund stehen muss. Er soll sich von allen Seiten versorgt und begleitet wissen und dies auch praktisch spürbar erfahren.

Jedoch kann im Zuge dieses Prozesses auch den behandelnden Ärzten und dem Pflegepersonal geholfen werden, indem man ihnen vermittelt, dass man ihre Bemühungen schätzt, ihnen und ihrer Kompetenz vertraut und sich gut aufgehoben und beraten fühlt. Dies baut Ängste ab. Auch die Angehörigen können ermutigt werden, indem sie in ihrer wichtigen Funktion als engste Wegbegleiter des Patienten bestärkt und bestätigt werden und darüber hinaus auch gezielt seelsorgerlich betreut und somit entlastet werden. Für den Fall, dass sie an Stelle des Patienten Entscheidungen treffen müssen, sollte ihnen beratend beigestanden werden, damit sie die Last der Verantwortung nicht alleine tragen müssen. All das trägt dazu bei, ihre Ängste abzubauen. Den Seelsorgern sollte vermittelt werden, dass sie nicht auf jede Frage, auf jedes leidvolle Geschehen eine Antwort haben können oder müssen.

Oftmals ist ein ehrliches Schweigen sogar hilfreicher und wohltuender für den betreuten Patienten als unnötige Worte aus der Verlegenheit heraus. Am meisten jedoch muss dem Patienten geholfen werden, mit seinen Ängsten umzugehen und sie zu besiegen. Er sollte von allen Seiten Ermutigung erfahren. Natürlich zuerst von den Angehörigen, die ihn begleiten. Zusätzlich ist der Seelsorger sehr wichtig, der aus der

Kraft des Glaubens dem Patienten Trost spendet und ihm hilft, innerlich zur Ruhe zu kommen. Darüber hinaus hilft er ihm, seine Situation in Gottes Hände zu legen und ihm damit die Angst vor Tod und Sterben zu nehmen. Ebenso soll der Patient zu guter Letzt Hilfe erfahren von den Ärzten, die den Patienten ernst nehmen, ihm zuhören, die Behandlung mit ihm besprechen und ihm medizinische Möglichkeiten und Perspektiven aufzeigen und ihm damit die Ängste nehmen.

Leiden teilen

Die Begleitung eines schwerkranken und sterbenden Menschen in seiner letzten Krankheits- und Lebensphase bedeutet für alle Beteiligten neben der Konfrontation mit verschiedenen Ängsten vor allen Dingen eines: die Konfrontation mit fremdem Leid. Dem eigenen Leid begegnen, ist eine Sache. Die weitaus größere Herausforderung liegt aber darin, dem Leid eines geliebten Menschen bewusst begegnen zu müssen und nicht wegzuschauen.

Nicht wegschauen heißt: an diesem Leid in hilfreicher Weise Anteil nehmen, sich daraus ergebende Spannungen aushalten, durch wenige „Hochs" und viele „Tiefs" mit dem Patienten zu gehen. Anteil nehmen heißt nicht, immer auf jede Frage und jeden Zweifel gleich Rat und Antwort zu wissen. Es bedeutet auch nicht, immer und zu jeder Zeit Hoffnung und Zuversicht ausstrahlen zu müssen. Anteilnahme, ein wirkliches, authentisches Teilen von Leid, heißt in diesem Zusammenhang in erster Linie Ehrlichkeit leben. Darin liegt der Schlüssel zu aufrichtiges Mitleiden.

Dieses Mitleiden kann für jede der an diesem Prozess beteiligten Personengruppen anders aussehen. Für den Arzt und das Pflegepersonal bedeutet es, dem Patienten die bestmögliche Versorgung angedeihen zu lassen. Diese Versorgung bezieht sich nicht nur auf rein medizinische Aspekte, sondern sie sollte auch Zeit beinhalten, die man bewusst dem Patienten widmet.

Für den Seelsorger oder geistlichen Begleiter kann Mitleiden bedeuten, gemeinsam mit dem Patienten die Auseinandersetzung mit seinen Fragen, Ängsten und Zweifeln aufzunehmen. Mitleiden bedeutet für den Seelsorger, auch und gerade für Klage, Bitterkeit und andere starke Emotionen ein offenes Ohr zu haben. Es bedeutet ein Verstehen, Annehmen und Ernstnehmen solcher Emotionen, auch wenn es schwerfällt. Es beinhaltet das Angebot von Beistand in jeder Form, auch in schweren Situationen.

Für die Angehörigen des Patienten bedeutet konkretes Mitleiden, auch in solch schwierigen Situationen „da zu sein". Dieses Nahesein sollte regelrecht spürbar werden. Dies gilt besonders für Patienten, die nicht mehr oder nur noch schlecht ansprechbar sind. Kommunikation geschieht hier nicht mehr auf verbaler Ebene, sondern durch Berührung, durch das Halten der Hände oder durch Streicheln. Diese Gesten vermögen oftmals mehr zu leisten und zu sagen als Worte. Nähe spürbar gestalten kann für einen Moment ein Gefühl tiefer Geborgenheit schaffen und die Gewissheit des Angenommenseins im Leiden. Dieses Mitleiden schafft ein Gefühl der Gemeinschaft und des familiären Rückhalts trotz und in einer schwierigen und notvollen Lage.

Schritte wagen

Die vorangegangenen Ausführungen erheben nicht den Anspruch auf Vollständigkeit. Ziel ist eine ganzheitliche Betreuung von Schwerkranken und Sterbenden. Es sind Vorschläge, die sich unserer Meinung nach gut in die Praxis umsetzen lassen.

Allerdings gibt es in diesem Konzept noch Lücken, die geschlossen werden müssen. Zum Beispiel das noch stärkere Einbinden von geschulten ehrenamtlichen Mitarbeitern im Besuchs- und Seelsorgedienst in Krankenhäusern, Altenheimen und Hospizen. Diese Mitarbeiter werden dringend dort benötigt, wo Angehörige fehlen. Für sie bräuchte es mehr gute und tragfähige Qualifikationskonzepte. An dieser Stelle können Kirchen und Gemeinden als Unterstützer solch ehrenamtlicher Mitarbeiter einen wichtigen Beitrag leisten, dem christlichen Auftrag gelebter Nächstenliebe ganz praktisch nachzukommen.

Der Umgang mit Kranken und Sterbenden verbessert sich nicht von heute auf morgen. Es ist ein Weg der kleinen Schritte. Sie müssen unter großem Einsatz, unter Überwindung von Berührungsängsten mit Leid und Tod gewagt werden. Aber es ist ein Weg mit einem klaren Ziel: Die Situation der Schwerkranken, Alten und Sterbenden zu verbessern und dadurch lebens*werter* zu gestalten. Dafür lohnt sich jeder Einsatz.

Therapiebegrenzung: Der Verzicht auf Lebensverlängerung

Mediziner reagieren auf das Thema aktive Sterbehilfe häufig mit Verunsicherung. Dies hängt damit zusammen, dass es scheinbare Grauzonen gibt. So ist zum Beispiel der Verzicht auf lebensverlängernde Maßnahmen immer wieder ein Diskussionspunkt in Debatten um aktive Sterbehilfe. Ist nicht das Abschalten der Maschine oder die Einstellung von lebensverlängernden Maßnahmen auch ein Akt der aktiven Tötung eines Menschen?

Dem ist nicht so. Die Begrenzung ärztlicher Maßnahmen ist völlig legitim, wenn es die Umstände rechtfertigen. Es gibt keine Pflicht, eine medizinische Behandlung um jeden Preis fortzusetzen. Maßnahmen, die Leiden nur verlängern, sind inhuman. Die Therapiebegrenzung erkennt die Aussichtslosigkeit weiterer Behandlung. Sie will den Tod nicht aktiv herbeiführen, sondern hat vielmehr das Wohl des Sterbenden im Blick und will ihm auf der letzten Wegstrecke nicht noch weitere Belastungen zumuten.

All das ist keine aktive Sterbehilfe. Aktive Sterbehilfe und Therapiebegrenzung sind völlig unterschiedliche Tatbestände, sowohl ethisch als auch juristisch. Aktive Sterbehilfe führt den Tod des Patienten herbei. Ethisches Handeln allein nach seinem Ausgang zu beurteilen, in diesem Falle dem Tod eines Patienten, ist unsinnig und absurd. Niemand will bei der Therapiebegrenzung den Tod des Patienten. Dass er trotzdem eintritt, ist tragisch, nicht zu verhindern, aber steht nicht in der Verantwortung des Mediziners.

Ein Abbruch oder die Einschränkung der Behandlung muss allerdings nach klaren Richtlinien erfolgen. Dabei muss jeder Einzelfall genau betrachtet werden. Schwierig ist die Situation bei alten Menschen, deren Akutkrankheitsbild keine

Aussicht auf Besserung vermittelt, man aber keine genauen Vorhersagen treffen kann. Hier ist Augenmaß gefragt. Ob maximale oder eingeschränkte Therapie, Basisversorgung mit Flüssigkeitszufuhr, Ernährung und Schmerzlinderung – all das muss Tag für Tag neu entschieden werden. Eine gute Kenntnis des persönlichen Willens des Patienten wird dabei in die Entscheidung ebenso einfließen wie der gesamte ärztliche Befund mit seinen Prognosen.

Ein anderes Beispiel für die derzeitige komplexe Diskussionslage ist die Debatte um Wachkomapatienten, die mit Hilfe einer Magensonde (PEG) ernährt werden. Schätzungen gehen davon aus, dass ca. 10.000 Menschen in Deutschland im Wachkoma liegen. Darf die Ernährung eingestellt werden, wenn der Patient dies in seiner Patientenverfügung festgelegt hat? Ist die künstliche Ernährung ein Eingriff in die körperliche Integrität und damit eine rechtswidrige Handlung, wenn sie gegen den Willen des Patienten durchgeführt wird? Ist die Unterlassung der künstlichen Ernährung auf Wunsch des Patienten auch dann gerechtfertigt, wenn dadurch der Tod des Patienten eintreten würde?

Nach einer Forsa-Umfrage (2007) würden 62 % aller Deutschen das Risiko auf sich nehmen, durch eine entsprechende Formulierung in der Patientenverfügung die Chance auf ein Wiedererwachen zu vergeben. Die Angst, jahrelang im Koma zu liegen, ist größer als das Einräumen der Möglichkeit, wieder zu erwachen. Vertreter einer großen Reichweite der Patientenverfügung argumentieren daher, die Verfügung müsse auch für Komapatienten gelten. Deshalb kommen entsprechende Abschnitte auch in Patientenverfügungen vor.

Gegner der Einstellung der Ernährung bei Komapatienten argumentieren, diese seien keine Sterbenden, und weisen auf Fälle hin, bei denen selbst nach jahrelangem (Wach-)Koma Patienten wieder das Bewusstsein erlangt haben. Auch die katho-

lische „Deutsche Bischofskonferenz" äußerte anlässlich der
Debatte im Deutschen Bundestag über die gesetzliche Regelung der Patientenverfügung starke Bedenken. In einer Erklärung heißt es: „Entschieden tritt die Deutsche Bischofskonferenz Plänen entgegen, die Einstellung lebensnotwendiger
Behandlungen von Patienten im Wachkoma und Menschen mit
schwerster Demenz zu erlauben. Diese Menschen sind keine
Sterbenden, sondern Schwerkranke, die unsere besondere Zuwendung und Pflege brauchen. Mit einer solchen Regelung
würde die Grenze zwischen zulässiger passiver und unzulässi-
ger aktiver Sterbehilfe überschritten."

Vertreter der Evangelischen Kirche in Deutschland haben
sich insbesondere gegen die Konsequenzen im letzten Satz der
Stellungnahme ausgesprochen. Bewusster Behandlungsverzicht als Wunsch des Patienten, sei etwas anderes als aktive
Sterbehilfe. Sonst müsse auch der Verzicht auf eine Chemo-
therapie bei schlechter Krankheitsprognose als gewollter
Suizid gelten. Vielmehr könne die Patientenverfügung den
Befürwortern der aktiven Sterbehilfe den Wind aus den Segeln
nehmen, indem das Recht auf Behandlungsverzicht in ausweglosen Situationen gestärkt wird.

Trotz dieser Einwände muss auf die Kritiker der Behandlungseinstellung bei Wachkomapatienten gehört werden: Die
Grenze zwischen Schwerkranken und Sterbenden wird einge-
rissen, wenn man das Recht auf Einstellung von Behandlungen auf Personengruppen ausweitet, für die nicht eindeutig
die Prognose „unausweichlicher Tod" gilt. Von daher halten
wir die Einstellung der Ernährung von Wachkomapatienten
für ethisch bedenklich, vor allem natürlich, wenn von dem Patienten vor der Erkrankung keine schriftliche oder mündliche
Willensäußerung bekannt war.

Grundsätzlich aber gilt: Der überlegte Verzicht auf ärztliche Behandlung ist in allen anderen Fällen ein Nein zu einem

unbegrenzten Verfügenwollen über den Menschen. Hier geht es um Sterbebegleitung im ursprünglichen Sinne. Die Ehrfurcht vor dem Leben geht so weit, dass man das unausweichliche Sterben annimmt und für den Patient erträglich macht. Deshalb ist die Beendigung einer lebenserhaltenden Maßnahme richtig, wenn es für den Patienten keine realistische Überlebenschance gibt. Alle Gerichtsurteile der letzten Jahre bestätigen, dass diese Form des Abbruchs der Behandlung straflos ist, wenn sie dem vorher geäußerten erklärten Willen des Patienten entspricht und dadurch dem Sterben sein *natürlicher* Lauf gelassen wird.

Bei aller Kritik an aktiver Sterbehilfe muss deutlich gesagt werden: Die Alternative heißt nicht „Leben um jeden Preis". So wertvoll die Errungenschaften der Medizin sind, so müssen sie mit Augenmaß eingesetzt werden. Eine medizinische Maßnahme darf nicht um der Maßnahme willen erfolgen, sondern um des Wohls des Patienten willen. Immer wieder muss deshalb die Frage gestellt werden: Ist es für den Betroffenen das Beste?

Die Grauzonen: Terminale Sedation und Missbrauch der „indirekten Sterbehilfe"

Eine kontrovers diskutierte Frage im Rahmen von Debatten um aktive Sterbehilfe ist die „terminale Sedation" oder „terminale Sedierung". Dabei wird der Patient in einen schlafähnlichen Zustand versetzt, der bis zum Tode aufrecht erhalten wird. Sie ist ein Instrument, um Sterben erträglich zu machen. Bei Schwerstkranken im Endstadium wird gerne auf diese Maßnahme zurückgegriffen (Midazolam oder Chlorpromazin), um Leiden zu lindern. Im Unterschied dazu wird die „palliative Sedation" für eine begrenzte Zeit (wenige Tage) verabreicht, wenn andere Medikamente oder Maßnahmen nicht schnell genug greifen. Hiervon sind keine Sterbenden betroffen. Die „palliative Sedation" erlaubt, Zeit zu gewinnen und potentielle Rehabilitationsmaßnahmen zu koordinieren.

Generell hat „terminale Sedation" wie die Therapiebegrenzung nichts mit aktiver Sterbehilfe zu tun, weil der Tod des Patienten nicht das Ziel der Behandlung ist. Sie ist gedacht als Hilfe beim Sterben – mehr nicht. Der medizinische Befund sagt eindeutig, dass der Sterbeprozess begonnen hat und nicht mehr aufgehalten, sondern nur noch aufgeschoben werden kann.

Es gibt aber offensichtlich vereinzelte Fälle von „terminaler Sedation", die in die Nähe aktiver Sterbehilfe rücken. In einer Studie in den Niederlanden gaben Ärzte an, dass sie in nicht wenigen Fällen bei terminaler Sedierung „auch" oder „vor allem" die Absicht hatten, das Sterben zu beschleunigen, oft in Verbindung mit dem Verzicht auf künstliche Ernährung. In diesem Falle kann man von einem Missbrauch der „terminalen Sedation" und der „indirekten Sterbehilfe" sprechen. Die ethisch entscheidende Frage ist, ob dabei die Schwelle zur aktiven Sterbehilfe überschritten ist oder nicht.

Durch die Ergebnisse aus den Niederlanden wird deutlich, dass mitunter die Sedierung ein „angenehmer Ausweg" sein kann, wenn man mit den zur Verfügung stehenden Mitteln nicht mehr weiterkommt. Nicht selten sind es dabei die Familienangehörigen, welche Einfluss auf die Ärzte nehmen, endlich etwas zu unternehmen. Der Arzt flieht dann in die Sedierung. Aber auch Mitglieder des medizinischen Personals drängen mitunter auf Sedation. Experten warnen deshalb vor einem leichtfertigen Umgang mit terminaler Sedation. Keineswegs darf am Ende der Entwicklung die „obligate Sedation" aller sterbenden Menschen aus Gründen der emotionalen Ökonomie und Ergonomie stehen.

Für das Thema aktive Sterbehilfe ist entscheidend, ob der Patient sich zum Zeitpunkt der Einleitung terminaler Sedierung in einer Situation befindet, bei der das Sterben schon begonnen hat und keine Aussicht auf Besserung besteht. D. h. er muss sich tatsächlich in einer „terminalen Situation" befinden. Zusätzlich muss sichergestellt sein, dass der Wunsch des Patienten auf Sedation nicht Ursache einer Depression ist oder der Wunsch der Angehörigen sehr subjektiven Kriterien entspricht. Solche Fragen kann letztlich natürlich nur der Fachmann (im Team) beantworten.

In den allermeisten Fällen dürfte heute beim Tatbestand der „terminalen Sedation" eine völlig gerechtfertigte und ethisch unbedenkliche Faktenlage vorliegen. Das Ziel muss aber sein, dass in möglichst allen Fällen davon ausgegangen werden kann, dass der Eingriff ethisch vertretbar ist. Die Situation in den Niederlanden mit einer sehr hohen Zahl von „terminalen Sedationen" lässt vermuten, dass dort in Einzelfällen die Grenze zur aktiven Sterbehilfe überschritten wird. Terminale Sedation muss sich in jedem Einzelfall klar von allen Formen der aktiven Sterbehilfe unterscheiden. Bevor zu einem solchen Mittel gegriffen wird, sollten außerdem alle palliativen Maßnahmen ausgeschöpft werden.

Die Vorsorge- und Betreuungsvollmacht

Jeder Patient hat das Recht, für den Fall der Einwilligungsunfähigkeit infolge einer Krankheit vorzusorgen. Der Staat hat dafür seit den 90er-Jahren rechtliche Regelungen geschaffen.

Mit einer *Vorsorgevollmacht* wird eine Vertrauensperson

für bestimmte Bereiche des Lebens, z. B. gesundheitliche Angelegenheiten, mit Handlungsvollmacht ausgestattet. Dieser
Bevollmächtigte soll dem Willen des nicht mehr einwilligungsfähigen Patienten Ausdruck verleihen. Natürlich sollte
zwischen dem Patienten und dem Bevollmächtigten ein
besonderes Vertrauensverhältnis bestehen. Die Vorsorgevollmacht darf nicht an Bedingungen geknüpft sein, muss
schriftlich niedergelegt und kann durch einen Notar beurkun-
det werden. Die notarielle Beurkundung ist besonders dann
hilfreich, wenn die Vollmacht sich auch auf Vermögensvors-
orge bezieht. Die Bundesnotarkammer führt ein „Zentrales
Vorsorgeregister" (www.vorsorgeregister.de), in das die Vorsorgevollmacht eingetragen werden kann. Gerichte erhalten
Auskunft aus dem Register.

Im konkreten Fall muss der Arzt entscheiden, ob die Vorsorgevollmacht genügt oder ob zusätzlich auch das Vormundschaftsgericht eingeschaltet werden muss. Dies ist dann nötig,
wenn die begründete Gefahr besteht, dass der Vollmachtgeber
aufgrund einer geplanten Maßnahme sterben könnte bzw.
eine schwere gesundheitliche Schädigung erleidet. In der Praxis ist hier immer wieder eine Unklarheit zu beobachten, die
aber auch durch bessere gesetzliche Regelungen kaum ausgeschlossen werden kann.

Anstelle der ausführlichen Vorsorgevollmacht kann auch
eine kürzere *Betreuungsverfügung* ausgefüllt werden. Sie ist
eine für das Vormundschaftsgericht bestimmte Willensäußerung einer Person für den Fall, dass krankheitsbedingt eine
Betreuung angeordnet werden muss. In der Verfügung können Vorschläge zur Person des Betreuers und Handlungsan-
weisungen für Betreuer festgelegt werden. Der Betreuer wird
vom Gericht bestellt. Die Verfügung ist nicht so detailliert wie
eine Vorsorgevollmacht. Von daher ist die Vorsorgevollmacht
der Betreuungsverfügung vorzuziehen. Sie kann in einigen

Bundesländern beim Vormundschaftsgericht hinterlegt werden.

Die Patientenverfügung

Geht es bei der Vorsorgevollmacht bzw. der Betreuungsvollmacht um die Person, die den Unterzeichner im Falle einer schlimmen Krankheit vertreten soll, hat die Patientenverfügung einen anderen Sinn. In ihr legt man fest, welche medizinischen Behandlungen vorgenommen oder unterlassen werden sollen, wenn man sich nicht mehr dazu äußern kann.

Die Verfügung ist an keine besondere Form gebunden. Sie sollte jedoch schriftlich abgefasst, persönlich unterschrieben und mit einem Datum versehen werden, um rechtswirksam zu sein. Zudem kann es sinnvoll sein, auch persönliche Wertvorstellungen (z. B. religiöse Überzeugungen) anzufügen, um den Angehörigen und Ärzten Hilfen für die Behandlung zu geben. Außerdem ist empfehlenswert, die Verfügung in bestimmten Zeitabständen zu erneuern oder zu bestätigen. Sie sollte so verwahrt werden, dass die Ärzte, Betreuer bzw. das Vormundschaftsgericht möglichst schnellen Zugriff darauf hat.

Eine gesetzliche Regelung über die Patientenverfügung gibt es in Deutschland bisher nicht und ist wohl erst 2009 zu erwarten. Die Folge ist, dass viele Ärzte juristische Konsequenzen fürchten und dadurch im Notfall eher die Behandlung „um jeden Preis" fortführen, anstatt dem Patientenwunsch zu entsprechen und die Behandlung einzustellen. Der Bundesgerichtshof hat immerhin 1994 in seinem „Kemptener Urteil" über den mutmaßlichen Willen eines Patienten geurteilt. Dabei stellte das Gericht fest, dass der Wille des Patienten bei

Fragen der künstlichen Ernährung zu berücksichtigen sei. Dies bezog sich allerdings auf eine Rechtsprechung in einer Strafsache. Auf zivilrechtlicher Ebene entschied 2003 der Bundesgerichtshof, dass eine Patientenverfügung generell verbindlich ist, allerdings alleine nicht ausreiche, um eine ärztliche Behandlung zu beenden. Zusätzlich müsse ein Vormundschaftsgericht den Sterbewunsch überprüfen.

Eine solche Verfügung muss der Arzt auf jeden Fall bei seiner Behandlung berücksichtigen, sie ist für ihn aber nicht in jedem Fall bindend. Und das ist auch gut so! Denn die Praxis zeigt, dass die in der Verfügung festgelegten Rahmenbedingungen selten in Reinform existieren. Zunächst einmal muss z. B. festgestellt werden, dass die Diagnose auch wirklich mit der in der Verfügung niedergelegten übereinstimmt, was nicht immer der Fall ist. Oftmals sind mehrere Symptome gleichzeitig aufgetreten oder eine klare Diagnose ist gar nicht auf die Schnelle möglich. Dann muss sichergestellt werden, dass es trotz geeigneter Therapie keine Aussicht auf Besserung gibt – auch das ist in der Praxis nicht immer klar und eindeutig festzustellen. Der Verlauf von Krankheiten ist nicht immer prognostizierbar. Oft kommt es vor, dass Patienten unerwartet genesen. Das Ergebnis von Notfallbehandlungen ist ebenfalls schwer voraussehbar. Ein Notarzt, der zu einem Patienten mit Atemstillstand kommt, wird immer reanimieren und kann nicht erst einmal die Patientenverfügung studieren.

Trotzdem ist die Patientenverfügung bei schwierigen Entscheidungen über die Fortsetzung einer Behandlung hilfreich. Sie gibt den Angehörigen und vor allem den Ärzten Hinweise auf den Willen des Patienten und erleichtert ihre Arbeit ungemein. Festlegungen in einer Patientenverfügung bedeuten, dass man sich in guten Zeiten mit dem Thema Krankheit und Tod beschäftigt hat und für die Folgen Verantwortung übernimmt. Enthält die Verfügung Formulierungen über aktive

Sterbehilfe, darf der Arzt sich nicht daran halten. Keinesfalls darf man jedoch Personen zur Abfassung einer Verfügung zwingen.

Insgesamt bleiben aber viele Fragen offen. Einerseits soll der Wille des Patienten berücksichtigt werden. Andererseits ist klar, dass eine solche Willenserklärung, in gesunden Tagen verfasst, nicht unbedingt den Willen des Patienten im Krankheitsfall widerspiegeln muss. Würde sich der Patient nicht unter anderen Umständen anders entschieden haben? Eine ausführliche Aufklärung von Seiten des Arztes ist ja nicht möglich. Sich in guten Tagen vorzustellen, wie es sein wird, wenn man an einer unheilbaren Krankheit leidet, ist etwas anderes, als wenn man in dieser Situation steckt. Das Leben erscheint wertvoller, wenn es bedroht ist!

In einer englischen Studie wurden 21 Patienten, die vom Hals abwärts gelähmt waren und beatmet werden mussten, befragt, ob man besser die Maschinen abstellen sollte oder nicht. Nur einer wünschte dies, zwei waren unsicher, 18 verbaten sich die Frage. Der Wunsch zu leben war größer, als die Sehnsucht nach dem Tod. Wie hätten diese 21 jedoch vor ihrer Erkrankung entschieden?

Zudem muss bedacht werden, dass der medizinische Fortschritt sich weiter rasant entwickelt. Krankheiten, die noch vor kurzem nicht therapierbar waren oder mit erheblichen Einschränkungen der Lebensqualität verbunden waren, werden in Zukunft heilbar sein oder zumindest therapierbar. Damit steigt auch die Lebensqualität kranker Menschen. Wer von ihnen in der heutigen Zeit angesichts der Qualen von Kranken eine Patientenverfügung unterschreibt, die in einigen Jahren bei eigener Erkrankung hervorgeholt wird, wird sich wünschen, so etwas nie unterschrieben zu haben! Zwar wird darauf gedrängt, Patientenverfügungen regelmäßig zu aktualisieren, aber in der Praxis dürfte es hier zu Problemen kommen. Außerdem wird dabei nicht immer ein Arzt konsultiert, der über die neusten Behandlungsmethoden aufklärt.

Auch das persönliche Umfeld eines Menschen prägt seine Einstellung zu Gesundheit und Krankheit, wie wir oben schon gezeigt haben. Ein einfaches Beispiel macht dies deutlich. Die erwartete Ankunft eines Enkels gibt selbst schwerkranken alten Menschen oft die Kraft, noch auf dieses besondere Erlebnis zu warten. Es gibt ihnen Lebensmut, die Krankheit auszuhalten. Der Wunsch, weiterzuleben, ist dann stärker als der einstige Wunsch, der in der Patientenverfügung niedergelegt wurde. Durch dieses Beispiel wird deutlich: Der Wille kann sich mit den Umständen und dem eigenen Schicksal ändern!

Im Jahr 2007 beschäftigte sich auch der Deutsche Bundestag mit der Frage nach einer gesetzlichen Regelung der Patientenverfügung. Dabei gab es fraktionsübergreifend unterschiedliche Auffassung über die „Reichweitenbegrenzung" eines solchen Formulars. Einige Abgeordnete plädierten für eine enge Begrenzung der Verfügung, die erst im Sterbeprozess Anwendung finden sollte. Sie wollten damit vermeiden, dass eine solche Verfügung die Tür zur aktiven Sterbehilfe öffnet. Kritiker dieser Position wiesen darauf hin, dass man im Sterbeprozess keine Patientenverfügung mehr bräuchte, weil der Tod sowieso unaufhaltsam käme. Liberale Positionen forderten dagegen eine große Reichweite der Verfügung, die auch für Krankheitsstadien vor dem Sterbeprozess gelte, also z. B. bei Komapatienten. Entsprechende Vorlagen kamen auch aus dem Bundesjustizministerium.

Wieder andere Abgeordnete plädierten dafür, überhaupt keine gesetzliche Regelung vorzunehmen. Ein gesunder Mensch könne sich kaum vorstellen, wie man das Leben unter Bedingungen schwerer Krankheit oder des nahen Todes erlebt. Viele Verfügungen würden unter der Angst ausgefüllt, unnötig Schmerzen zu erleiden, unwürdig behandelt zu werden oder anderen zur Last zu fallen. Zudem würden Patientenverfügungen in der Praxis wenig helfen. Dieser Ansicht schloss sich auch die Bundesärztekammer an, da Sterben nicht normierbar sei. Sterbeprozesse verliefen immer individuell, so dass nicht alle Situationen rechtlich geregelt werden könnten. Im Zweifel müsse dem Erhalt des Lebens immer Vorrang eingeräumt werden.

Bisher haben weniger als 3 % aller Deutschen eine Patientenverfügung unterschrieben, 53 % lehnen die Abfassung bewusst ab. Offensichtlich vertrauen viele auf eine ethisch gute Entscheidungsfindung zwischen Ärzten, Angehörigen und Pflegenden und nicht der Ausführung eines einmal festgelegten Willens.

Aus ethischer Sicht ist gegen die Verfassung einer Patientenverfügung nichts einzuwenden, so lange Bestimmungen über aktive Sterbehilfe darin ausgeschlossen sind. Ob die Einführung gesetzlich geregelt werden sollte, muss offen gelassen werden. Hier sind eher Zweifel angebracht, dass eine Regelung Fortschritte bringt.

Die Palliativmedizin und die Hospizbewegung

Wie wir zeigen konnten, haben viele Menschen Angst, in der letzten Phase des Lebens unter qualvollen Schmerzen sterben zu müssen. Auch die Furcht vor Luftnot ist weit verbreitet.

Dagegen ist die *Palliativmedizin* angetreten, ein relativ neues Spezialgebiet der Medizin, das sich um Schwerstkranke und Sterbende kümmert. Im Zentrum stehen dabei Behandlungen, die Leiden „erträglich" machen sollen. Hier werden z. B. Schmerzmittel nach einem festgelegten Stufenplan verabreicht oder Palliativoperationen durchgeführt, die das Grundleiden lindern sollen. Die Aktivitäten der Palliativmedizin bündelt die „Deutsche Gesellschaft für Palliativmedizin". Sie lehnt jede Form von aktiver Sterbehilfe kategorisch ab. Gleiches gilt für das „Deutsche Institut für Palliative Care", ein Forum, das sich für eine Verbesserung der Situation sterbender Menschen einsetzt. Eine Grundlage der Palliativmedizin ist die Individualität der Behandlung. Niemals kann man die medizinische Situation von Menschen über einen Kamm scheren.

Leider sind palliativmedizinische Einrichtungen in Deutschland noch nicht so weit verbreitet, wie es wünschenswert wäre. Insgesamt gibt es in Deutschland zum Beispiel nur 160 Palliativstationen.

Die Hospizbewegung begleitet schwerstkranke und sterbende Menschen mit ihren Angehörigen in den letzten Tagen und Wochen des Lebens. Dabei werden neben der medizinischen auch körperliche und seelische Bedürfnisse berücksichtigt. Es gibt ambulante Hospizdienste wie auch teilstationäre (Tageshospize) oder stationäre Hospize. Viele ehrenamtliche Helferinnen und Helfer stehen den Pflegekräften der Hospizdienste zur Seite.

Die Wurzeln der Bewegung liegen in England. Das erste bekannte Hospiz war das St. Christopher's Hospice in London, geleitet von der Ärztin Cicely Saunders. Noch in den 70er-Jahren wurde „St. Christopher's" als „Sterbeklinik" verspottet, erst später stieg die Wertschätzung für den Dienst des Pflegepersonals. Nach nur vereinzelten Vorläufern begann man erst in den 90er-Jahren mit der Gründung von stationären Hospizen in Deutschland. Zu Beginn der 90er-Jahre zählte man ganze 28 stationäre Einrichtungen, heute sind es etwa 200. Die Zahl ambulanter Hospizdienste beläuft sich auf 1.200. Laut Angaben der Hospizstiftung erhält nur jeder 40. Todkranke in Deutschland eine professionelle Sterbebegleitung. Nur 18.400 von 820.000 Sterbenden waren 2006 in stationären Hospizen oder auf Palliativstationen in Krankenhäusern versorgt, das sind 2,2%. Im Jahr 2007 sollen insgesamt nur 6,2% der verstorbenen Menschen hospizlich begleitet worden sein, 12,6% bekamen eine hospizliche oder palliative Versorgung.

Sowohl bei der Ausbildung von Palliativmedizinern und dem Ausbau von Hospizen sind noch große Anstrengungen von Nöten.

EPILOG

2008 kam ein bemerkenswerter Film in die Kinos. Sein Titel: „Schmetterling und Taucherglocke". Der Regisseur Julian Schnabel beschreibt in diesem Meisterwerk das Leben von Jean-Dominique Bauby, dem Chefredakteur der Zeitschrift „Elle". Bauby saß als Folge des seltenen „Lock-in-Syndroms" seit 1996 fast vollständig gelähmt im Rollstuhl. Kein Sprechen, keine Bewegung in den Händen und Füßen. Nichts. Die einzige Kommunikationsmöglichkeit war das Zwinkern des linken Lids. Er entwickelte diese Fähigkeit in höchster Perfektion, so dass es ihm nach längerer Übung sogar möglich war, seiner Mitarbeiterin Briefe zu diktieren. Anschließend „schrieb" er auf diesem Weg ein Buch mit dem oben genannten Titel.

Dieses Werk ist ein überzeugendes und berührendes Zeugnis der Hoffnung gegen die Verzweiflung. Der Sieg des Schmetterlings, der Phantasie, über den wie in einer Taucherglocke gefangenen Körper, wird zum Fanal der Zuversicht. Viele sagten damals, Bauby vegetiere nur noch vor sich hin. Sein Buch und der Film belegen das Gegenteil. Auch wenn der Körper mehr und mehr abnahm, blieb der Geist lebendig und hoffnungsvoll. Der Film idealisiert die Schwere der Krankheit nicht. Realistisch werden die unangenehmen Seiten in Szene gestellt. Aber es wird offensichtlich: Dieser hilflose Mensch hat Würde und Persönlichkeit. Er ist eigentlich das genaue Gegenteil der heutigen Kinohelden, und doch ein echter „Star". Seine „Überlebenslust" ist mit Händen zu greifen. Er, der „Krüppel" im Rollstuhl, kann sogar glücklich sein: Beim Ausflug ans Meer rollt ihm eine Träne des Glücks über die Wange.

Dieses Buch sollte deutlich gemacht haben: Die Frage nach der Sterbehilfe ist die Frage nach unserer Einstellung zum Leiden und zum Tod. Es geht um unser Verhältnis zu den existentiellen Dingen des Seins. Wir müssen sowohl an einer „Kultur des Lebens" als auch einer „Kultur des Sterbens" arbeiten. Leben ist zu schützen, immer und ausnahmslos, gerade in einer Welt der eiskalten Effizienz und des Kosten-Nutzen-Denkens. Wer Leben unterteilt in „lebenswert" und „lebensunwert", begeht einen kapitalen Fehler. Leben ist immer wertvoll, auch krankes und behindertes Leben. Die Würde des Menschen besteht unabhängig von unserer derzeitigen Lebensqualität. Sie muss unantastbar bleiben, ganz gleich, ob wir krank oder gesund sind.

Wir müssen aber auch die „ars moriendi", die Kunst des Sterbens, neu lernen. Sterben hat nicht nur eine medizinische, sondern vor allem eine soziale Dimension. Sterben bedeutet Abschied nehmen von eng verbundenen Menschen. Es bedeutet für alle Beteiligten: „Loslassen lernen."

Für die Angehörigen heißt es: liebende Fürsorge bis zum bitteren Ende, ganzheitlicher Beistand zu aller Zeit. Der Mensch will nicht *durch* die Hand, sondern *an* der Hand eines anderen sterben (Manfred Spieker). Darin besteht heute die größte Herausforderung.

Dieses Buch sollte aber auch gezeigt haben: Bei allem Respekt vor unsäglich leidenden Schwerstkranken und Sterbenden ist es hoch problematisch, aktive Sterbehilfe gesetzlich freizugeben. Die Erfahrungen zeigen, dass jede Liberalisierung der Rechtslage in ethisch sensiblen Bereichen zu einer grundlegenden Werteverschiebung führt. Die Erfahrungen mit aktiver Sterbehilfe in den Niederlanden bestätigen den Trend. Die Freigabe aktiver Sterbehilfe hat immer generelle Auswirkungen auf den Lebensschutz. Außerdem belastet sie das Verhältnis von Ärzten zu Patienten, von Angehörigen zu ihren pflegebedürftigen Verwandten, von Jüngeren zu Älteren, von Gesunden zu Kranken.

Was den Patienten betrifft, so ist die Entscheidung für aktive Sterbehilfe oftmals durch Schmerzen und Ausweglosigkeit bestimmt, Kriterien, die menschlich verständlich sind, aber durch geeignete Maßnahmen gelindert werden können. Aus der Sicht des Arztes wäre die Freigabe aktiver Sterbehilfe ein Dilemma, da sie mit seinem beruflichen Selbstverständnis nicht in Einklang zu bringen ist und die Vertrauensbeziehung zum Patienten zerstört. Eine solche Regelung würde ihn zum „Vollzugsgehilfen fremder Wünsche" (Schockenhoff) machen. Und selbst für die Angehörigen würde eine Legalisierung Probleme mit sich bringen, wie wir ausführlich gezeigt haben.

Nochmals sei betont: Für aktive Sterbehilfe gibt es eine Alternative. Ein ganzheitlicher Sterbebeistand in Kombination aus Palliativmedizin und seelsorgerlicher Begleitung ist die größte Hilfe für Schwerstkranke und Sterbende. Wirksame Schmerzlinderung und menschliche Zuwendung – das ist es, was wirklich gebraucht wird. Hier gibt es noch sehr viel zu tun.

Genauso vehement muss aber auch der Versuchung widerstanden werden, den Augenblick des Todes so weit wie möglich hinauszuzögern. Therapeutischer Übereifer widerspricht dem Recht auf ein würdevolles Sterben. Es geht nicht um künstliche Lebensverlängerung „um jeden Preis". Das respektvolle Zurücktreten des Arztes und der Angehörigen vor dem Tod und die bewusste Annahme des Sterbens eines Menschen muss ebenfalls neu gelernt werden.

Neuere Untersuchungen über Sterbehilfe in Europa haben eindeutig festgestellt, das kulturelle Einstellungen ganz erheblich die Entscheidung für oder gegen aktive Sterbehilfe beeinflussen. Es geht nicht nur um medizinische Fakten, sondern um generelle Einstellungen zum Leben und zum Sterben. Die Frage nach aktiver Sterbehilfe ist deshalb immer eine Frage der Lebensphilosophie. Am stärksten wirken sich dabei Faktoren der Religiosität aus.

Die geistliche Dimension des Lebens und des Todes ist bis heute in der christlichen Tradition der westlichen Kulturen lebendig, wenn auch oft nur noch unterschwellig. Leben ist nach diesem Verständnis eine befristete Leihgabe Gottes, die in Freiheit und Verantwortung gestaltet werden soll. Gott setzt dabei den Anfang und das Ende unserer irdischen Existenz und führt und leitet durch Höhen und Tiefen des Lebens. Krankes und schwaches Leben ist unbedingt zu schützen, weil gerade diese Menschen von Gott geliebt sind. Der Mensch ist kein autonomes Einzelwesen, sondern mit hineingenommen in eine große Solidargemeinschaft, in der jeder auf den anderen achtet, mitleidet und mitträgt. Der Tod ist für den Christen das Tor zum neuen Leben mit Gott, eine Art Durchgangsstation zum ewigen Leben. Die Gewissheit von der Auferstehung der Toten gibt dem Glaubenden Hoffnung und Stärke in den Stunden des Abschieds.

Daran wird deutlich: Religiöse Überzeugungen haben immer Auswirkungen auf die Frage nach dem Leben und dem Sterben. Das gilt auch für die Überzeugungen der Befürworter aktiver Sterbehilfe, die ebenfalls ein bestimmtes Welt- und Menschenbild vertreten. Für die derzeitigen kontroversen Auseinandersetzungen über aktive Sterbehilfe bleibt zu wünschen, dass jeder seine eigenen weltanschaulichen Überzeugungen offen legt und nicht verschweigt. Nur dann ist eine faire und fruchtbare Diskussion möglich. Das Thema ist zu wichtig, als dass wir darauf verzichten könnten.

ANHANG

Grundsätze der Bundesärztekammer zur ärztlichen Sterbebegleitung vom Mai 2004

Präambel

Aufgabe des Arztes ist es, unter Beachtung des Selbstbestimmungsrechtes des Patienten Leben zu erhalten, Gesundheit zu schützen und wieder herzustellen sowie Leiden zu lindern und Sterbenden bis zum Tod beizustehen. Die ärztliche Verpflichtung zur Lebenserhaltung besteht daher nicht unter allen Umständen. So gibt es Situationen, in denen sonst angemessene Diagnostik und Therapieverfahren nicht mehr angezeigt und Begrenzungen geboten sein können. Dann tritt palliativ-medizinische Versorgung in den Vordergrund. Die Entscheidung hierzu darf nicht von wirtschaftlichen Erwägungen abhängig gemacht werden.

Unabhängig von anderen Zielen der medizinischen Behandlung hat der Arzt in jedem Fall für eine Basisbetreuung zu sorgen. Dazu gehören u. a.: menschenwürdige Unterbringung, Zuwendung, Körperpflege, Lindern von Schmerzen, Atemnot und Übelkeit sowie Stillen von Hunger und Durst.

Art und Ausmaß einer Behandlung sind gemäß der medizinischen Indikation vom Arzt zu verantworten; dies gilt auch für die künstliche Nahrungs- und Flüssigkeitszufuhr. Er muss dabei den Willen des Patienten beachten. Ein offensichtlicher Sterbevorgang soll nicht durch lebenserhaltende Therapien künstlich in die Länge gezogen werden. Bei seiner Entscheidungsfindung soll der Arzt mit ärztlichen und pflegenden Mitarbeitern einen Konsens suchen.

Aktive Sterbehilfe ist unzulässig und mit Strafe bedroht, auch dann, wenn sie auf Verlangen des Patienten geschieht. Die Mitwirkung des Arztes bei der Selbsttötung widerspricht dem ärztlichen Ethos und kann strafbar sein.

Diese Grundsätze können dem Arzt die eigene Verantwortung in der konkreten Situation nicht abnehmen. Alle Entscheidungen müssen individuell erarbeitet werden.

I. Ärztliche Pflichten bei Sterbenden

Der Arzt ist verpflichtet, Sterbenden, d. h. Kranken oder Verletzten mit irreversiblem Versagen einer oder mehrerer vitaler Funktionen, bei denen der Eintritt des Todes in kurzer Zeit zu erwarten ist, so zu helfen, dass sie unter menschenwürdigen Bedingungen sterben können.

Die Hilfe besteht in palliativ-medizinischer Versorgung und damit auch in Beistand und Sorge für Basisbetreuung. Dazu gehören nicht immer Nahrungs- und Flüssigkeitszufuhr, da sie für Sterbende eine schwere Belastung darstellen können. Jedoch müssen Hunger und Durst als subjektive Empfindungen gestillt werden.

Maßnahmen zur Verlängerung des Lebens dürfen in Übereinstimmung mit dem Willen des Patienten unterlassen oder nicht weitergeführt werden, wenn diese nur den Todeseintritt verzögern und die Krankheit in ihrem Verlauf nicht mehr aufgehalten werden kann. Bei Sterbenden kann die Linderung des Leidens so im Vordergrund stehen, dass eine möglicherweise dadurch bedingte unvermeidbare Lebensverkürzung hingenommen werden darf. Eine gezielte Lebensverkürzung durch Maßnahmen, die den Tod herbeiführen oder das Sterben beschleunigen sollen, ist als aktive Sterbehilfe unzulässig und mit Strafe bedroht.

Die Unterrichtung des Sterbenden über seinen Zustand und mögliche Maßnahmen muss wahrheitsgemäß sein, sie soll sich aber an der Situation des Sterbenden orientieren und vorhandenen Ängsten Rechnung tragen. Der Arzt kann auch Angehörige des Patienten und diesem nahe stehende Personen informieren, wenn er annehmen darf, dass dies dem Willen des Patienten entspricht. Das Gespräch mit ihnen gehört zu seinen Aufgaben.

II. Verhalten bei Patienten mit infauster Prognose

Bei Patienten, die sich zwar noch nicht im Sterben befinden, aber nach ärztlicher Erkenntnis aller Voraussicht nach in absehbarer Zeit sterben werden, weil die Krankheit weit fortgeschritten ist, kann eine Änderung des Behandlungszieles indiziert sein, wenn lebenserhaltende Maßnahmen Leiden nur verlängern würden und die Änderung des Therapieziels dem Willen des Patienten entspricht. An die Stelle von Lebensverlängerung und Lebenserhaltung treten dann palliativmedizinische Versorgung einschließlich pflegerischer Maßnahmen. In Zweifelsfällen sollte eine Beratung mit anderen Ärzten und den Pflegenden erfolgen.

Bei Neugeborenen mit schwersten Beeinträchtigungen durch Fehlbildungen oder Stoffwechselstörungen, bei denen keine Aussicht auf Heilung oder Besserung besteht, kann nach hinreichender Diagnostik und im Einvernehmen mit den Eltern eine lebenserhaltende Behandlung, die ausgefallene oder ungenügende Vitalfunktionen ersetzen soll, unterlassen oder nicht weitergeführt werden. Gleiches gilt für extrem unreife Kinder, deren unausweichliches Sterben abzusehen ist, und für Neugeborene, die schwerste Zerstörungen des Gehirns erlitten haben. Eine weniger schwere Schädigung ist kein Grund zur Vorenthaltung oder zum Abbruch lebenserhaltender Maßnahmen, auch dann nicht, wenn Eltern dies fordern. Wie bei Erwachsenen gibt es keine Ausnahmen von der Pflicht zu leidensmindernder Behandlung und Zuwendung, auch nicht bei unreifen Frühgeborenen.

III. Behandlung bei schwerster zerebraler Schädigung und anhaltender Bewusstlosigkeit

Patienten mit schwersten zerebralen Schädigungen und anhaltender Bewusstlosigkeit (apallisches Syndrom; auch so genanntes Wachkoma) haben, wie alle Patienten, ein Recht auf Behandlung, Pflege und Zuwendung. Lebenserhaltende Therapie einschließlich – ggf. künstlicher – Ernährung ist daher unter Beachtung ihres geäußerten Willens oder mutmaßlichen Willens grundsätzlich geboten. Soweit bei diesen Patienten eine Situation eintritt, wie unter I – II beschrieben, gelten die dort dargelegten Grundsätze. Die Dauer der Bewusstlosigkeit darf kein alleiniges Kriterium für den Verzicht auf lebenserhaltende Maßnahmen sein. Hat der Patient keinen Bevollmächtigten in Gesundheitsangelegenheiten, wird in der Regel die Bestellung eines Betreuers erforderlich sein.

IV. Ermittlung des Patientenwillens

Bei einwilligungsfähigen Patienten hat der Arzt die durch den angemessen aufgeklärten Patienten aktuell geäußerte Ablehnung einer Behandlung zu beachten, selbst wenn sich dieser Wille nicht mit den aus ärztlicher Sicht gebotenen Diagnose- und Therapiemaßnahmen deckt. Das gilt auch für die Beendigung schon eingeleiteter lebenserhaltender Maßnahmen. Der Arzt soll Kranken, die eine notwendige Behandlung ablehnen, helfen, die Entscheidung zu überdenken.

Bei einwilligungsunfähigen Patienten ist die in einer Patientenverfügung zum Ausdruck gebrachte Ablehnung einer Behandlung für den Arzt bindend, sofern die konkrete Situation derjenigen entspricht, die der Patient in der Verfügung beschrieben hat, und keine Anhaltspunkte für eine nachträgliche Willensänderung erkennbar sind.

Soweit ein Vertreter (z.B. Eltern, Betreuer oder Bevollmächtigter in Gesundheitsangelegenheiten) vorhanden ist, ist dessen Erklärung maßgeblich; er ist gehalten, den (ggf. auch mutmaßlichen) Willen des Patienten zur Geltung zu bringen und zum Wohl des Patienten zu entscheiden. Wenn der Vertreter eine ärztlich indizierte lebenserhaltende Maßnahme ablehnt, soll sich der Arzt an das Vormundschaftsgericht wenden. Bis zur Entscheidung des Vormundschaftsgerichts soll der Arzt die Behandlung durchführen.

Liegt weder vom Patienten noch von einem gesetzlichen Vertreter oder einem Bevollmächtigten eine bindende Erklärung vor und kann eine solche nicht – auch nicht durch Bestellung eines Betreuers – rechtzeitig eingeholt werden, so hat der Arzt so zu handeln, wie es dem mutmaßlichen Willen des Patienten in der konkreten Situation entspricht. Der Arzt hat den mutmaßlichen Willen aus den Gesamtumständen zu ermitteln. Anhaltspunkte für den mutmaßlichen Willen des Patienten können neben früheren Äußerungen seine Lebenseinstellung, seine religiöse Überzeugung, seine Haltung zu Schmerzen und zu schweren Schäden in der ihm verbleibenden Lebenszeit sein. In die Ermittlung des mutmaßlichen Willens sollen auch Angehörige oder nahe stehende Personen als Auskunftspersonen einbezogen werden, wenn angenommen werden kann, dass dies dem Willen des Patienten entspricht.

Lässt sich der mutmaßliche Wille des Patienten nicht anhand der genannten Kriterien ermitteln, so soll der Arzt für den Patienten die ärztlich indizierten Maßnahmen ergreifen und sich in Zweifelsfällen für Lebenserhaltung entscheiden. Dies gilt auch bei einem apallischen Syndrom.

V. Patientenverfügungen, Vorsorgevollmachten und Betreuungsverfügungen

Mit Patientenverfügungen, Vorsorgevollmachten und Betreuungsverfügungen nimmt der Patient sein Selbstbestimmungsrecht wahr. Sie sind eine wesentliche Hilfe für das Handeln des Arztes. Eine Patientenverfügung (auch Patiententestament genannt) ist eine schriftliche oder mündliche Willensäußerung eines einwilligungsfähigen Patienten zur zukünftigen Behandlung für den Fall der Äußerungsunfähigkeit. Mit ihr kann der Patient seinen Willen äußern, ob und in welchem Umfang bei ihm in bestimmten, näher umrissenen Krankheitssituationen medizinische Maßnahmen eingesetzt oder unterlassen werden sollen.

Anders als ein Testament bedürfen Patientenverfügungen keiner Form, sollten aber schriftlich abgefasst sein. Mit einer Vorsorgevollmacht kann der Patient für den Fall, dass er nicht mehr in der Lage ist, seinen Willen zu äußern, eine oder mehrere Personen bevollmächtigen, Entscheidungen mit bindender Wirkung für ihn, u. a. in seinen Gesundheitsangelegenheiten, zu treffen (§ 1904 Abs. 2 BGB).

Vorsorgevollmachten sollten schriftlich abgefasst sein und die von ihnen umfassten ärztlichen Maßnahmen möglichst benennen. Eine Vorsorgevollmacht muss schriftlich niedergelegt werden, wenn sie sich auf Maßnahmen erstreckt, bei denen die begründete Gefahr besteht, dass der Patient stirbt oder einen schweren und länger dauernden gesundheitlichen Schaden erleidet. Schriftform ist auch erforderlich, wenn die Vollmacht den Verzicht auf lebenserhaltende Maßnahmen umfasst.

Die Einwilligung des Bevollmächtigten in Maßnahmen, bei denen die begründete Gefahr besteht, dass der Patient stirbt oder einen schweren und länger dauernden gesundheitlichen Schaden erleidet, bedarf der Genehmigung des Vormundschaftsgerichtes, es sei denn, dass mit dem Aufschub Gefahr verbunden ist (§ 1904 Abs. 2 BGB). Ob dies auch bei einem Verzicht auf lebenserhaltende Maßnahmen gilt, ist umstritten. Jedenfalls soll sich der Arzt, wenn der Bevollmächtigte eine ärztlich indizierte lebenserhaltende Maßnahme ablehnt, an das Vormundschaftsgericht wenden. Bis zur Entscheidung des

Vormundschaftsgerichts soll der Arzt die Behandlung durchführen.

Eine Betreuungsverfügung ist eine für das Vormundschaftsgericht bestimmte Willensäußerung für den Fall der Anordnung einer Betreuung. In ihr können Vorschläge zur Person eines Betreuers und Wünsche zur Wahrnehmung seiner Aufgaben geäußert werden. Eine Betreuung kann vom Gericht für bestimmte Bereiche angeordnet werden, wenn der Patient nicht in der Lage ist, seine Angelegenheiten selbst zu besorgen, und eine Vollmacht hierfür nicht vorliegt oder nicht ausreicht. Der Betreuer entscheidet im Rahmen seines Aufgabenkreises für den Betreuten. Zum Erfordernis der Genehmigung durch das Vormundschaftsgericht wird auf die Ausführungen zum Bevollmächtigten verwiesen.

Quelle: Deutsches Ärzteblatt, Heft 19 vom 7. Mai 2004

Ausgewählte Literatur

Aktive und passive Sterbehilfe: Medizinische, rechtswissenschaftliche und philosophische Aspekte, Hg. Felix Thiele, München: Fink, 2005.

Chamberlain, Paul, *Final Wishes: A Cautionary Tale on Death, Dignity & Physician-Assisted Suicide*, Downers Grove: IVP, 2000.

Das Hospiz-Buch, Hg. Johann-Christoph Student, 4. Aufl. Freiburg: Lambertus, 1999.

Das medizinisch assistierte Sterben: Zur Sterbehilfe aus medizinischer, ethischer, juristischer und theologischer Sicht, Hg. Adrian Holderegger, 2. Aufl. Freiburg: Universitätsverlag, 2000.

Dyck, Arthur J., *Life's Worth: The Case against Assisted Suicide*, Grand Rapids: W. Eerdmans, 2002.

Eibach, Ulrich, *Sterbehilfe – Tötung aus Mitleid? Euthanasie und das „lebensunwerte" Leben*, 2. Aufl. Wuppertal: R. Brockhaus, 1998.

Euthanasie: Sind alle Menschen Personen?, Hg. Michael Frensch u.a., Schaffhausen: Novalis, 1992.

„Euthanasie" vor Gericht: Die Anklageschrift des Generalstaatsanwalts beim OLG Frankfurt/M. gegen Dr. Werner Heyde u.a. vom 22. Mai 1962, Hg. Thomas Vormbaun / Institut für Juristische Zeitgeschichte Hagen, Juristische Zeitgeschichte 1.17, Berlin: Berliner Wissenschaftsverlag, 2005.

Fischer, Elena, *Recht auf Sterben?! Ein Beitrag zur Reformdiskussion der Sterbehilfe in Deutschland unter besonderer Berücksichtigung der Frage nach der Übertragbarkeit des holländischen Modells der Sterbehilfe in das deutsche Recht*, Frankfurt/M.: Peter Lang, 2004.

Flaßpöhler, Svenja, *Mein Wille geschehe: Sterben in Zeiten der Freitodhilfe*, Berlin: Wolf Jobst Siedler, 2007.

Gastmans, Chris / Linus Vanlaere, *Cirkels van zorg: Ethisch omgaan met ouderen*, Leuven: Davidsfonds, 2005.

Husebø, Stein, *Leben lohnt sich immer: Von aktiver Sterbehilfe zur Hilfe zum Leben – ein Arzt erzählt*, Freiburg: Herder, 2002.

Husebø, Stein / Eberhard Klaschik, *Palliativmedizin: Grundlagen und Praxis. Schmerztherapie. Gesprächsführung. Ethik.*, 4. Aufl. Berlin: Springer, 2006.

Jüdische Ethik und Sterbehilfe, Hg. Peter Hurwitz u.a., Basel: Schwabe, 2006.

Kelly, David F., *Medical Care at the End of Life: A Catholic Perspective*, Washington D.C.: Georgetown University, 2006.

Klee, Ernst, *„Euthanasie" im NS-Staat: Die „Vernichtung lebensunwerten Lebens"*, Frankfurt/M.: S. Fischer, 1983.

Klie, Thomas / Christoph Student, *Die Patientenverfügung – was Sie tun können, um richtig vorzubeugen*, 9. Aufl. Freiburg: Herder, 2006.

Kuschel, Amelia, *Der ärztlich assistierte Suizid: Strafakt oder Akt der Nächstenliebe?* Frankfurt/M.: Peter Lang, 2007.

Merkel, Christian, *„Tod den Idioten" – Eugenik und Euthanasie in juristischer Rezeption vom Kaiserreich zur Hitlerzeit*, Berlin: Logos, 2006.

Müller, Anselm Winfried, *Tötung auf Verlangen – Wohltat oder Untat?* Stuttgart: Kohlhammer, 1997.

Ohly, Lukas, *Sterbehilfe: Menschenwürde zwischen Himmel und Erde*, Stuttgart: Kohlhammer, 2002.

Payk, Theo R., *Töten aus Mitleid? Über das Recht und die Pflicht zu sterben*, Leipzig: Reclam, 2004.

Sahm, Stephan, *Sterbebegleitung und Patientenverfügung: Ärztliches Handeln an den Grenzen von Ethik und Recht*, Frankfurt/M.: Campus, 2006.

Schockenhoff, Eberhard, *Sterbehilfe und Menschenwürde: Begleitung zu einem „eigenen Tod"*, Regensburg: Pustet, 1991.

Spaemann, Robert / Th. Fuchs, *Töten oder sterben lassen? Worum es in der Euthanasiedebatte geht,* Freiburg: Herder, 1997.

Selbstbestimmung und Fürsorge am Lebensende: Stellungnahme, Hg. Nationaler Ethikrat, Berlin 2006.

Smith, Wesley J., *Forced Exit: Euthanasia, Assisted Suicide, and the New Duty to Die,* New York: Encounter Books, 1997.

Zimmermann-Acklin, Markus, *Euthanasie: Eine theologisch-ethische Untersuchung,* 2. Aufl. Freiburg: Herder, 2002.

Web-Adressen

Deutsche Hospiz Stiftung:
www.hospize.de

Die Deutsche Hospiz Stiftung versteht sich als Patienten-
schutzorganisation für Schwerstkranke und Sterbende.

Deutsche Gesellschaft für Palliativmedizin:
www.dgpalliativmedizin.de

1994 gegründete Gesellschaft zur Förderung der Palliativmedizin; Sammelpunkt der Palliativmediziner in Deutschland.

International Task Force on Euthanasia and Assisted Suicide:
www.internationaltaskforce.org

Internationales Netzwerk von Experten, die sich gegen aktive
Sterbehilfe und ärztlich assistierten Suizid aussprechen.

Care NOT Killing:
www.carenotkilling.org.uk

Britische Allianz von Lebensrechts- und Menschenrechts-
gruppen, Palliativmedizinern und christlichen Organisationen, die sich für bessere Palliativmedizin und gegen aktive
Sterbehilfe aussprechen.

Euthanasia.com:
www.euthanasia.com

Amerikanischer Informationsdienst gegen aktive Sterbehilfe,
mit vielen Beiträgen zum Thema.

Vordrucke einer Vorsorgevollmacht und einer Betreuungs- und Patientenverfügung bekommt man beim Kirchenamt der Evangelischen Kirche in Deutschland, Herrenhäuser Str. 12, 30419 Hannover (www.ekd.de) sowie bei der Deutschen Bischofskonferenz, Kaiserstr. 161, 53113 Bonn (www.dbk.de), Stichwort „Christliche Patientenverfügung".

Stephan Holthaus

WERTE

Was Deutschland wirklich braucht

128 Seiten, gebunden
ISBN 978-3-7655-1901-7

Der Ethik-Experte Stephan Holthaus zeigt in seinem neuen Buch, was Deutschland wirklich braucht.

Korruption, Verwahrlosung von Kindern, aktive Sterbehilfe, Gewalt an Schulen – Deutschland steht bei der Lösung drängender ethischer Probleme vor enormen Herausforderungen. Stephan Holthaus analysiert die gegenwärtige Situation.

Sein Fazit: Eine Hinwendung zu den Fundamenten der Moral, wie sie im christlichen Glauben zu finden sind, kann die Wertekrise in Deutschland beenden.

BRUNNEN VERLAG GIESSEN
www.brunnen-verlag.de

Susanne und Markus Mockler

FAMILIE

der unterschätzte Glücksfaktor

160 Seiten, gebunden
ISBN 978-3-7655-1412-8

Familie ist nach wie vor das beliebteste Lebensmodell. Trotz verschiedenster gesellschaftlicher Experimente hat es sich als erstaunlich robust erwiesen. In den vergangenen Monaten jedoch ist die Familie zum gesellschaftlichen Streitthema Nummer eins geworden. Insbesondere über Nutzen und Schaden von Kinderkrippen wurden heftige Debatten geführt.

Die achtfache Mutter Susanne Mockler hat Medizin, Psychologie und Sozialwissenschaften daraufhin befragt, welchen Nutzen Ehe und Familie dem Einzelnen und einer Gesellschaft bringen. Die Forschungsergebnisse sind so verblüffend, dass man dem Lebensmodell Familie ganz neue Aufmerksamkeit schenken muss: Verheiratete leben länger, bleiben gesünder und erwerben mehr Wohlstand als ihre unverheirateten Zeitgenossen. Kinder in Familien bringen bessere Leistungen und leiden seltener unter seelischen Krankheiten. Eine ununterbrochene Mutter-Kind-Bindung in den ersten Lebensjahren ist der Schlüssel zu einer stabilen Persönlichkeit.

BRUNNEN VERLAG GIESSEN
www.brunnen-verlag.de